ART DECO Master and Masterpiece

帝国大厦之光

装 饰 艺 术 运 动 大 师 及 杰 作

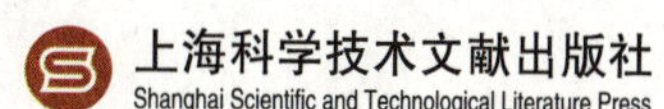

Contents

Contents

Part 1
装饰艺术运动
法国大师及杰作

Part I

1853—1929

Jacques Doucet

雅克·杜塞

法国时装设计师、艺术收藏家。1853 年出生于巴黎一个富裕家庭。1871 年，他开设了一家售卖女装的沙龙。从 1912 年开始，他和另外几位著名的设计师（其中就包括保罗·波列）所设计的时装，就以插图的形式纷纷登上当时的时尚杂志。他设计的成衣以高雅而闻名，喜欢采用轻薄的半透明材料通过叠加的方法，展现出柔和的色彩。他不仅是法国装饰艺术运动盛行时期著名的服装设计师，也是那个年代著名的艺术品收藏家和艺术赞助人。作为收藏家，他的藏品包括从 18 世纪到他所处时代最新锐的作品，收藏种类从古籍、绘画到家具一应俱全。而作为赞助人，他将大量的珍贵的藏书捐赠给了巴黎大学的两座图书馆。

裙装
杜塞 1903 年设计的午后套裙，轻薄的半透明材料、叠加的设计方法都体现了杜塞特点。现藏于美国纽约大都会博物馆。

插图

这幅插图中的鸟笼和背景墙纸图案显示出中国艺术对于画家的影响。而图中展示的就是杜塞设计的居家服，层层的皱褶使它看上去既闲适又华贵，系在身体右侧的那个结和裙摆处的毛皮是这套衣服的亮点所在。

礼服

杜塞于 1898—1900 年设计的舞会礼服，拖地长下摆雍容华贵。现藏于美国纽约大都会博物馆。

裙装

杜塞于 1920—1923 年设计的日裙，前胸及手臂的饰物极具装饰感。现藏于美国纽约大都会博物馆。

晚装

杜塞于 19 世纪 80 年代设计的成衣作品，裙子的下摆层层叠叠，极具优雅之感。现藏于美国纽约大都会博物馆。

插图（下图）

杜塞 1914 年设计的成衣作品。

Part I

Part I

1860—1945

Rene Jules Lalique

雷内·儒勒·拉力克

法国新艺术运动的代表人物之一，生于马恩省的艾镇（Ay），两岁时随家人迁居巴黎郊区，但此后经常回家乡避暑，这样的经历对他日后创作的自然主义审美趋向有很大的影响。1872 年入学学习油画和素描，后入巴黎的艺术设计学院学习，专攻设计和艺术的方法。1876 年又赴伦敦的西德汉姆艺术学院学习。后回国，1885 年开设设计事务所，并开始设计珠宝，得到过卡地亚和堡狮龙的订单。他的作品在塞缪尔·宾（Samuel Bing,1838—1905）的“新艺术之家”展出，影响大增。到 20 世纪 20 年代，他又成为装饰艺术大师，其诸多玻璃及珠宝作品成为传世的经典之作。

Part I

《孔雀》

拉力克 1925 年设计的台灯作品，采用玻璃雕刻技法。现藏于英国维多利亚和阿尔伯特博物馆。

Part I

带盖的盒子

拉力克约1935年设计的一个盒子，胶木材质。拉力克平生设计了难以计数的精致饰品，其中既有新艺术风格的，也有装饰艺术风格的。现藏于英国维多利亚和阿尔伯特博物馆。

香水瓶

在欧洲整个设计界由新艺术风格向装饰艺术风格转变的过程中，拉力克也做出了成功的转型，这是他大约1920年设计的一个香水瓶。

《胜利》（上图）
《蜻蜓》（右图）
这两件车头标都大约设计于 1928 年，具有棱角的立体感体现出装饰艺术风格的特质。拉力克采用特殊的工艺使这两件作品呈现出朦胧的霜冻效果，却更衬托出车头标的晶莹与透明。

Part I

1875—1942

Leonetto Cappiello

莱奥内托·卡皮耶洛

法国海报艺术家、画家。1875 年出生于意大利托斯卡纳大区的里窝那，年少时未曾受过正规的艺术训练。1898 年，他首次游访巴黎，很快就倾倒于这个繁华都市的浪漫情调和艺术氛围，并决定移民至此。其创作生涯长达 40 余年，而且几乎每个月要完成两幅作品，这使他毕生的作品超过了 1000 幅，客户不仅来自法国本土，甚至遍及整个欧洲。其创作的海报喜欢鲜艳大胆的色调，背景则喜用黑色，强烈的对比将创作主题和作品的标题清晰地凸显出来，形成强大的视觉冲击力。他的创作横跨了新艺术运动和装饰艺术运动，并在二者之间做出了成功地转变。他也被后世誉为“现代广告之父”。

海报

图中展示的海报作品是卡皮耶洛最经典的作品之一，卡皮耶洛生动的笔触给观众带来希望和振奋的情绪。

Part I

Part I

1876—1955

Maurice Dufrene

矛里斯·杜弗林

法国装饰艺术家。1876 年出生于巴黎，他最初就读于巴黎装饰艺术学院，并期望成为一名画家，而毕业后他谋得了一份家具设计师的工作，并与诸多大师一同共事，比如亨利·克莱门斯·凡·德·维尔德、维克多·皮埃尔·霍塔等。从 1900 年到 1925 年他的设计风格经历了巨大的转变，而这种成功的蜕变也使他获得了同时代其他设计家的推崇。装饰艺术运动虽然初步具备了现代设计的意识，但从本质上说依然是传统的装饰运动，对工业生产的必然趋势依然存有抵触情绪。他在这一点上颇有超前意识：提倡低成本、高效率的机器生产，但同时坚持与手工技艺相同的艺术品位，并以其作品证实了自己观点的正确性和可实施性。他的脚步总是顺应着时代的发展，20 世纪 30 年代，他早期偏好的木材逐渐让位于新兴的玻璃、金属等材料，风格也更趋现代化。

落地钟

杜弗林设计的这款落地钟有着优雅、简洁的外形，但古朴和严谨中又透露出现代设计的气息，忠实地诠释了他的设计理念。

Part I

Part I

1877—1942

Jean Dunand

让·杜南德

漆艺家、雕塑家和室内设计师，被称作装饰艺术运动最伟大的漆器艺术家。生于日内瓦附近的乡村。1891 年入日内瓦工业艺术学校学习雕塑，曾获得许多奖项。1896 年毕业后，获得雕塑师资格证书。后去法国发展，因成功为一位伯爵夫人设计装饰了一套居所，1905 年入选国家古典装饰艺术协会。之后随日本旅法漆器工艺师靖三菅原（Seizo Sugawara）学习失传的古典漆器装饰技术。其作品富有装饰艺术风格的特征，并且被世界诸多美术馆和博物馆收藏。

镶板

杜南德 1935 年为法国横渡大西洋的游船“诺曼底”号的吸烟室所做的天花板装饰，描绘的是尼罗河上的渔民手握渔叉捕鱼的情景。上漆和镀金。现由私人收藏。

Part I

花瓶

杜南德在花瓶设计方面用彩绘的方式取代了早期惯用的凸纹敲花细工技巧，并将漆器上引人注目的几何图案运用到金属花瓶上，开创了一系列更活泼的新的装饰风格。

让·杜南德1877年5月20日出生于瑞士日内瓦附近的朗斯（Lancy）。曾用名朱勒－约翰·杜南德（Jules-John Dunand）。1897年，杜南德前往巴黎，在法国国立装饰艺术学院继续深造。这期间，他遇见了著名雕刻家让·丹普特，并有幸跟随其研习雕刻技艺。对于金属器的雕刻制作充分展示了杜南德的设计才华和精湛工艺。1905年，他推出了一系列自然风格的金属花瓶，随后又推出了以锡、镍、黄铜等为材料的铸造作品。同年他为一位伯爵夫人的居所进行室内设计，由于其优异的表现而入选国家古典装饰艺术协会。

1912年，杜南德结识了旅法日裔漆器工艺师靖三菅原（Seizo Sugawara），并开始向其学习失传的古典漆器装饰技术。靖三菅原不但教

项圈

杜南德1927年的设计作品。
现藏于巴黎装饰艺术博物馆。

Part I

Part I

床

杜南德 1932 年的设计作品，他将漆器艺术完美地融合于家具之中。

授了杜南德漆器工艺与技术，也点燃了杜南德对于漆器设计制作的热情之火。1913 年杜南德在装饰艺术沙龙上展示了他的一件漆瓶作品，获得各界好评，由此他开始以杰出的漆器工艺“装饰艺术”运动设计家的身份享誉巴黎。漆器是以木或其他材料作出造型，经髹漆而成的器物，既具实用功能又具欣赏价值。漆器最早起源于中国，后来传到日本，并被日本发扬光大。而杜南德作为西方漆器艺术界的顶尖人物，甚至制造出连日本工匠也常常避而不用的黄色、绿色与珊瑚色的漆器。长久以来，由于不能从植物色素中提炼纯白染料，白色漆器一直无法得到开发。杜南德发明了高难度的蛋壳镶嵌技术，将碾碎的蛋壳镶在漆器表面，从而制作出令人惊艳的白色漆器。

在杜南德的大量设计中，漆器屏风占有很大比重，他设计的漆器屏风往往采用华贵的色彩，而装饰图案的灵感则来自东方，比如埃及和日本的古典装饰。同时杜南德也为不少设计师进行漆器制作，对漆器在法国乃至欧洲的普及起了很大的促进作用。除了将漆器艺术运用于家具设计中，杜

折叠屏风

杜南德 1931 年的设计作品，采用黑漆、红漆、金箔等材质，高 154 厘米，宽 298 厘米。

漆器板（上图、右图）
这两件都是杜南德 1930 年设计的，以女性人物为创作题材的漆器作品。

Part I

南德还将之运用于书籍装帧中，他与好友弗朗索瓦－路易斯·施米德合作设计了大量精美书籍装帧作品，都成了传世之作。

杜南德的设计风格受到东方色彩和非洲部落艺术的强烈影响，明显表现在他对色彩、设计主题与图案的选择上，他往往以东方及非洲的人物图案、抽象图案、写实风景、形式化的花卉、异国风情的鱼、鸟及奇形怪状的动物为装饰主题，令人感受到奇妙的异域风情。他的作品被世界各大美术馆和博物馆争相收藏。他本人也成为法国装饰艺术运动的代表人物之一。

《非洲人》（左图）
《亚洲人》（右图）
杜南德1930年设计的一对铝板，漆彩技法，并施以精细雕刻。现藏于法国非洲和亚洲艺术博物馆。

Part I

Part I

1877—1941
Paul Follot
保罗・福洛

法国设计师，生于巴黎，曾随瑞士装饰艺术家格拉塞（Eugene-Samuel Grasset，1845—1917）学习设计，其早期作品富有新哥特的情调。1899—1903年为“现代之家”（La Maison Moderne）作设计，涉猎的作品包括银器、瓷器、珠宝和铜器等。1903年参与成立“整体艺术”（L'Art dans Tout）团体，主张发扬法国的传统工艺。他的设计逐渐扩及家具和室内装饰，并形成了独特的风格，从古典转向现代。1911年起先后为“韦奇伍德”（Wedgwood）等品牌作设计，20年代初出任巴黎设计工作室“波莫纳工坊”（Atelier Pomone）的设计总监，1925年为巴黎国际博览会设计了该工坊展馆。他是法国家居设计和室内装饰界从新艺术运动向装饰艺术运动方向转变的代表人物。

Part I

茶盘
福洛 1903 年为“克里斯托夫”品牌设计的茶盘，现藏于法国巴黎奥赛美术馆。

大门（下图）
这是福洛位于巴黎的家，建于 1911 年。在这个入口设计中，可以看到新艺术风格与装饰艺术风格交汇的影子。

Part I

梳妆台及椅子

福洛 1919—1920 年设计的作品，木质漆彩和镀金，辅以大理石等，综合采用了雕刻、镶嵌等技法。现藏于法国巴黎现代艺术博物馆。

Part I

Part I

1879—1944

Paul Poiret

保罗·波列

法国服装设计师，生于巴黎一布商家庭，少时曾在制伞工场当学徒，并尝试用丝绸零料为玩具娃娃做服饰。十多岁时，他向当时著名的服装师玛德兰·切茹特（Madeleine Cheruit，？—1935）展示其服饰设计图，得到后者的认可，并获订单。自此，其服装设计之热情一发不可收，除完成订单外，还向巴黎其他服装店推销其服饰图样，直到 1896 年受雇于服饰设计大师杜桑（Jacques Doucet，1853—1929），并得到后者的器重，成为其特约服装设计师。20 世纪初，入著名的服饰制作工场“沃斯之家”（House of Worth）。1903 年开办自己的服装店。其作品大胆而前卫，简洁、轻松而实用，他废弃女式服饰紧身束胸的传统，吸收阿拉伯式或日本和服宽松、随和的样式，一时风靡欧洲。1909 年曾受邀在英国首相官邸唐宁街 10 号举办其作品展。第一次世界大战爆发后入伍，战后于 1919 年重操旧业，但先后多次宣告破产。他被誉为 20 世纪世界服装界的一代巨匠。

长裙

波列 1908 年的设计作品，主要采用织造和彩色印染技术，设计上的特点是腰部不再是收束的，喻示女性的解放态度。

Part I

大衣（左图）
波列 1919 年的设计作品，这是一件带有毛围领和皮革材质贴花的黑色羊毛大衣。现藏于美国纽约大都会博物馆。

大衣细节
这是左图大衣的皮革贴花细节，镂空的皮革贴花由不同的组件缝制而成，相当精美。

世间一切，对于装饰艺术设计师来说，都是“画布”——那是艺术家和设计师们毫无拘束的理想舞台。无论木板、纸张、建筑物之立面，抑或是自然大地之表面，都可以成为他们施展其笔墨与色彩的载体。这里，我们要谈的是服饰。

20 世纪初，世界经济、文化、意识形态都在发生空前的变化，新的生产方式和新的生活节奏带来了各领域里的革命。世界在大踏步地前进。这时期的一个显著标志就是服装款式上的大变革，它也标志着新旧世界的矛盾与冲突。这是一个动荡不安、令人困惑的时代，也是一个生机勃勃、激动人心的时代。这个时代的一个最具代表性的服饰设计师就是保罗·波列。

装饰艺术风格一派的设计师所具有的一个共同特征就是鲜明的先锋意识。他们中的很多人视日常服饰为承载丰富审美意趣的绝佳媒介，他们认为，服饰比木板、纸张、建筑立面等具有更多的适于艺术表达的可能，如：相对而言，服饰与每个人的日常生活之关系都更加紧密；服饰不仅可以作为图画和纹样创作的载体，而且还可以进行款式上的多样化处理，同时在组合搭配方面也最为灵活便捷；再有，服饰本身除了日常穿着之用途外，还常常与舞蹈、歌剧、音乐等其他艺术表现形式联合呈现，这也大大增加了服饰设计与审美的丰富性。此外，从服饰制作工艺的角度来说，制作服饰所用的材料（如棉布、皮革或丝绸等）及其制作程序（如棉纺、丝织或

Part I

Part I

皮砧等），也都具有丰富的艺术内涵。

波列是第一位深得装饰艺术之精髓的服饰设计师。他是现代服饰设计史上一位承上启下式的人物，也是现代时装之整体风潮的奠基者。他的设计灵感来源十分广泛，从西方传统风格到东方古典风格，从城市流行风到民间乡里样式，无一不在其关注范围。他是一位对生活充满了新奇幻想与遐想的性情中人，他的作品也正如他的内在意识世界一样灿烂多彩。

波列 1879 年 4 月生于法国巴黎。他此后一生的设计事业都在巴黎，巴黎养育了他，他也成就了巴黎在世界时装方面的艺术光彩。波列对服饰设计发生兴趣并非没有任何由头，他的父亲是个布料商，他从小就生活在布料堆积的世界，这对于他的艺术志趣的形成影响至深。波列曾在自传中追忆说："由于父亲从事布料生意，很自然地，我自小就对布料感兴趣，甚至自己玩起染布游戏来。那是少年时代的故事：我看到祖母栽种的秋海棠、天竺葵等，花色美丽鲜艳，就把花儿采集下来，榨汁后拿来染布……当然，由于当时缺乏化学知识，种种试验都告失败，但无形中已培养出我的研究兴趣。"

虽然对于服饰的基本兴趣是从小培养而成的，但是波列的艺术素养和人文爱好并不狭隘。早在 12 岁时，他就对戏剧、音乐、舞蹈等产生了浓

照片
穿着波列 1914 年设计的裙装的模特儿。

插图

由法国插画家保罗·伊利贝为波列1908年的设计作品绘制的插图。

东方套裙（左图）
波列 1911 年设计的带裤装的连衣裙，极具东方的异域风情，现藏于美国纽约大都会博物馆。

裙装
波列 1911 年设计的裙装作品，灵感来自伊斯兰风格。

厚兴趣。当然，在上述诸多艺术样式中，他最关注的还是其中与服饰审美有关的元素。他自己设计的第一个作品，是一件具有日本传统风格的服装，当时他的“正职”是一家雨伞工场的学徒，他利用自己收集的伞面零料，试验性地完成了平生第一件作品。非常具有设计师“先兆”的是，他还将这一作品的设计思路落实到笔头形成了设计图纸。当他尝试着将自己的图样提供给著名的裁缝师看并得到首肯时，他得到了莫大的鼓舞。

15 岁时，波列受雇于当时巴黎著名的服饰设计师杜桑（Jacques Doucet，1853—1929），杜桑不仅赏识他，数年后还延请他做自己的助手，成为其特约服装设计师。杜桑还是一位开明、开放的导师，他告诫波列“可以在海里游泳，但千万不可溺死于其中”，意思是：学习固然可以无任何界限，但务必要有所拣选与创新。后来的事实证明，“创新”正是波列在其设计生涯中一直秉持的坚定信念。波列 24 岁时开办了自己的服装店，他的大胆、前卫的服饰作品吸引了众多顾客，其中有一位女子后来还成了他的妻子。波列早期的服饰作品倾向于彰显高贵与华美，但后来受妻子的影响，逐渐趋于简洁与轻松的风格。

波列服饰的大胆革新之一，是对欧洲服装传统紧身样式所作的大刀阔斧的改良。他深入研究了东方古典服饰的美学构成与制作技术，推出了多款以东方民族服装为底样的新型时装，其中一款宽大的袍子样式女性外套，主要借鉴了中国古典服饰的元素，他甚至直接将这款作品命名为“孔子”。对于女性服饰从紧身式向宽松式的转变，他有着坚定的信念，并且这信念

Part I

不只是关乎艺术层面的含义，还与所谓人文精神之全面革新有关："我对传统的紧身衣已有确定的看法，那就是必须将女性的躯体从'由颈到膝的束缚'中解脱出来。"

这无疑给欧洲女性带去一股自由的暖风。为了更鲜活地表现每一个新型服饰作品，波列的妻子充当了"百变模特"的角色：她时而被打扮成伊斯兰女性的样子，时而又戴上东洋古典样式的帽子，时而还会被装扮成波斯王后的形象。波列在很多作品中都使用了丝绸面料，上面还常常装饰以精致的刺绣，宽领肥袖，透着轻松、惬意的生活趣味。在当时，这种对于东方人来说司空见惯的服饰，在巴黎乃至整个欧洲和西方世界都是异常新奇的。褪下传统西洋服饰，换上东方袍式服装，对于很多人来说不仅需要审美趣味的转变，甚至还需要某种勇气。

波列的服饰作品很快就令他扬名于欧洲。据说当时的英国首相夫人在看了他的作品之后曾赞叹道："我无法相信，这世界竟然有这么漂亮的服装。"波列还亲自带了十多名模特，先后访问英国、德国、奥地利、比利时等国，安排展览和表演，一时成为欧洲大陆的重要"新闻"。1913 年，波列到访美国。具有戏剧性意味的是，美国这样一个以革命精神和创新意识立国的国度，竟然将波列带去的短裙服装视为有伤风化之物而扣留。不过这反过来更增强了波列本人与其作品的知名度。有媒体曾经将他誉为"时尚的帝王"。对这一雅号，波列给予了否定："我是为那些对既有服饰不

插图（右图）
这幅插图展示的正是波列早期设计中的高腰细长的经典款式，简洁优雅的线条与头巾传达着浓郁的东方气息。

照片
穿着波列 1914 年设计的套装的模特儿。

Part I

Part I

礼服

波列 1926 年的设计作品，为白天穿用的日装系列，部分地方使用了丝绸面料，更显华贵典雅。

游艇内部

波列为“爱情”号游艇进行的内部装饰，他的室内设计风格受到德国、维也纳和东方艺术的极大影响，比如游艇的餐厅就采用了维也纳分离派惯用的直线设计，同时结合了俄国芭蕾舞台布景的鲜亮与活泼。

满的女性服务的人。我不是帝王。帝王是支配者、独裁者，我不是。”不过他同时也承认，他并非是“被动地”进行服饰设计，因为他并不是毫无主见地去迎合任何人，而是适时适度地在引导服饰审美趣味以及整个社会的趣味。从这个角度来说，波列身上确然有着“帝王”的成分。

第一次世界大战爆发后，波列应征入伍，参加法国军用服装的设计与生产工作。战后，他将很大一部分精力投入到由他发起成立的服装贸易组织“创意权利保护协会”的工作中。1925年后，他又有一个“大手笔”：将自己的服装店迁址到一座旧贵族公馆里，并耗费巨资将其内部庭院修葺整饬得如同凡尔赛宫一样美观。波列将很多东方艺术品置于这座新店中，刻意营造出浓郁的东方古典意象，甚至有时还会着意模拟宫廷一般的景象，举行规模盛大的服装大典活动。他创作了一种独特的演剧式的舞会和服饰展示形式，甚至让所有宾主都成为情节中的角色，全套行头、道具和场景都力求仿古，让人们沉浸于其中，尽享东方艺术之美妙。此外，他还常常光顾甚至举办豪华芭蕾舞会、音乐会。其结果是，他先后三次（1924年、1929年和1935年）宣告破产。也是在1935年，波列被确诊罹患麻痹重症，其后卧榻长达九年，最终于1944年在巴黎去世。

波列是时装界的幻想主义者，他的幻想持续影响迄今，甚至明天。他对20世纪世界服饰的影响，如同毕加索对20世纪世界绘画的影响。

Part I

1879—1933

Jacques-Emile Ruhlmann

雅克－埃米尔·鲁赫曼

法国设计师，生于巴黎一漆行老板家庭，少时随父学生意，并因而同建筑师和设计师有了交往。1907 年接管家族生意。1910 年为装饰自己的新婚居室而开始尝试家具设计，同年作品在“秋日沙龙”展出，以其直线风格和精湛工艺而赢得关注。早期作品受工艺美术运动和新艺术运动的影响甚深，第一次世界大战期间，逐渐向装饰艺术方向转变，1919 年与洛兰（Pierre Laurent）联手开办设计工作室，所设计的产品奢华而美观，涵盖了几乎所有室内装饰类别。到 20 年代，已成为法国著名的装饰艺术风格的家具设计者和制造商。1925 年在巴黎国际博览会上展出“收藏家之家”（Hotel du Collectionneur），包含室内设计和家具设计等，其精美和华丽引起轰动。他十分多产，曾为欧洲诸多王室、爱丽舍宫和印度王公等定做家具。2009 年《泰晤士报》称他为“装饰艺术运动最伟大的艺术家”。

沙龙场景

法国非洲与亚洲艺术博物馆有两个沙龙，图中的这个就是由鲁赫曼设计。在这个室内空间中，他摆放了自己设计的沙发和用黑檀木制作的方几。而那些巨大的金属花瓶则出自著名的铁艺设计师勃兰特之手。大型壁画描述了非洲为世界文化所作的贡献，非常贴切地阐释了沙龙的主题。

对椅

鲁赫曼 1925 年的设计作品，采用乌木和青铜材质。现由私人收藏。

角柜（左图）

鲁赫曼 1916 年的作品，漆彩紫檀，象牙嵌饰，其精湛的手工艺，配合线条简练的造型，是装饰艺术传承自新艺术风格的代表作。现藏于美国弗吉尼亚美术馆。

雅克－埃米尔·鲁赫曼是装饰艺术家具设计师中比较具有代表性的法国人。他设计的第一批家具作品在 1913 年的“秋日沙龙”（Salon' d Automne）中与大众见面，1919 年，他与另一位设计师皮埃尔·劳伦特（Pierre Laurent）建立了合作关系，并成立了以两人名字命名的家具设计工作室。他们提出的经营理念是：为杰出人士提供杰出作品。这表明了他们一开始就将自己的业务定位在高端，也表明了他们对于自己才华的自信。鲁赫曼不但对自己的设计思路有着严格的要求，而且对那些将其设计蓝图变为实际产品的工匠的技术要求也非常苛刻，这从艺术和技术两个层面都保证了其作品的品质。他们的设计灵感除了从非洲、拉美和东方文化中获取灵感外，也继承了欧洲新艺术风格的诸多元素，例如其家具作品的边沿和边角都被处理为圆滑的过渡弧面，这种柔性线条正是新艺术风格的一个特点；此外，很多适用于卧室空间的家具都被附加了多彩的纹案装饰，其中最受青睐的主题包括对于自然景观、田间植物或野生动物的描写，这些也都是新艺术主义所青睐的对象。1920 年著名的《艺术和装潢》杂志报道了鲁赫曼的作品，这也为他带来了声誉，他的作品也成了法国家具的经典。1925 年巴黎“国际艺术装饰和现代工业博览会”展出了鲁赫曼参与设计的克莱克辛饭店的内部整体装潢，这件作品成为现代设计理念的引导者。

Part I

Part I

壁灯

鲁赫曼 1925 年的设计作品，采用雪花石膏和电镀青铜材质。现由私人收藏。

台灯

壁灯（左上图）

鲁赫曼约 1925 年的作品，雪花石膏和精致黄铜，这也是鲁赫曼最青睐的两种材质，它们曾与圆形镜子在浴室中搭配设置，与空间中的大理石、象牙等材质相得益彰，体现了装饰艺术运动既奢华又简洁的特征。

Part I

舞厅场景

这是鲁赫曼为某个商会设计的舞厅，以珠链连缀而成的吊灯不仅具有浓郁的装饰艺术风格，也是营造优雅华丽氛围的最佳道具。

柜子

这是鲁赫曼 1920 年设计的一个柜子。他喜欢使用稀有的材料来设计家具，如昂贵的红木、紫木、黑檀，再镶嵌象牙、兽角等，抽屉的把手则缀上丝质流苏，以增添优雅的触感。

椅子

鲁赫曼 1919 年的设计作品，这把椅子无论线条还是造型，都直观地体现了奢华而不失简约的风格。

Part I

1880—1960

Edgar William Brandt

埃德加·威廉·勃兰特

法国铁匠，铁艺设计师，生于巴黎，受教于维尔松专业学校和布莱维特高级技术学校，曾在南锡的工厂当学徒，1902年创建“勃兰特建设”公司，后参加第一次世界大战。战后开始研制武器。其设计的铁质武器，尤其是多口径迫击炮，成为第二次世界大战中众多国家争相仿制的利器。他的铁艺制品，包括门、烧烤架、收音机外壳、灯架等，曾经是新艺术运动期间南锡的重要作品之一。20年代去美国发展，引领了铁艺设计在装饰艺术运动方面的新气象，被认为是装饰艺术运动中金属器件设计最重要的代表人物。后在瑞士日内瓦去世。

书档

金属制品的设计在装饰艺术运动期间可按其演变过程分为两类，第一类是早期受到新艺术运动的影响，从自然中汲取灵感，多以花卉、动物为主题。第二类则以突出建筑结构美感为主，勃兰特这一书档设计明显属于第一类的范畴。

铁艺门

勃兰特约 1924 年的作品，整体布局以仿喷泉的形式，配以树叶和花卉及底部的水池，营造了一个浪漫鲜活的意向，颇有新艺术之风情。

关于材料，认识或取向上的差别往往无所不在。法国设计师喜欢蕴含了手工艺术元素的传统材料，而美国设计师则一向青睐最新的材料和技术。这之间的差别可以通过一定的中介而实现弥合和沟通。埃德加·威廉·勃兰特就将 1925 年巴黎博览会与纽约设计师所想象的“机器年代”两个问题嫁接了起来：他致力于将手工技术融入对新型锻炼材料的打造过程中。勃兰特的努力正体现了美国设计师谋求在机械年代进行更好的装饰性表达的艺术动机。勃兰特在这方面起到了引路人的作用。

勃兰特于 20 年代在纽约开办了自己的设计工作室“铁勃兰特”（Ferrobrandt），设计出品内饰栅栏窗、照明器械以及新造的楼宇建筑所需的金属饰件。他的工坊雇用着上百名设计师、制图员和工匠，其基本业务是采用氧乙炔高温熔接技术，将各种复杂元素或部件整合为一体，并以电镀法（铜、锌、镍等）赋予金属器件多种颜色。在巴黎博览会上，勃兰

《绿洲》局部

勃兰特的这件作品最为抢眼之处是对金属面层光度及纹理的刻意突出。

Part I

《绿洲》

勃兰特 1924 年在巴黎博览会上展示的装饰屏作品，这一作品融合了“工艺美术”“新艺术”“装饰艺术”（现代金属材质）三种风格元素。

特提交了一个令人印象深刻的作品，这是一幅由五块金属面板组合而成的装饰屏《绿洲》，其大部分区域被塑造为花叶形状，最为抢眼之处是对金属面层光度及纹理的刻意突出，其色彩及质地与花叶的本源特征十分吻合。他的这一作品融合了“工艺美术”（手工炼制）、“新艺术”（花叶造型）、“装饰艺术”（现代金属材质）三种风格元素。由此，勃兰特的作品构成了一种艺术表征。

Part I

Part I

1882—1938

Armand-Albert Rateau

阿尔芒－阿尔伯特·拉托

法国家具设计师、室内设计师。年幼接受艺术教育，1905年，23岁的他就已经是法国知名装饰公司的艺术总监了。他的家具设计风格，在装饰艺术运动家具设计的流派中属于传统派。其早期作品多以橡木作为基材，但到了后期，更多的青铜材料取代了橡木，他常常利用铜绿这一特性为其设计的家居增加特别的视觉效果。作为一位艺术领域的多面手，他富有东方异国气息的设计风格不但体现在家具设计中，也同时体现在其室内设计作品中。在其众多客户中最为著名的就是法国时装设计师让娜·朗文，他为朗文在巴黎的公寓设计的卧室大受赞誉，以致巴黎装饰艺术博物馆还专门重现了朗文卧室的布置。

室内场景

这就是拉托为朗文设计的卧室，整个设计结合了东方风格与古典艺术。

Part I

1883—1935

Joseph Paul Iribe

约瑟夫·保罗·伊里贝

法国插画家、装饰艺术设计师。1883 年出生于法国西南部城市昂古莱姆（Angouleme），早年在巴黎美术学院接受艺术教育。17 岁时就以插画家的身份崭露头角，为各类报纸、杂志创作插图。同时他的才华也得到了当时著名的服装设计师保罗·波列的赏识，并为波列的时装专门进行插画创作，这些时装插图被集结成册于 1908 年出版。之后他又在雅克·杜塞的鼓励下开始家具及室内设计，其设计的家具将路易十五时代的华丽和 19 世纪初的严谨风格相融合，并形成了自己鲜明的特色。他偏爱那些具有明显木纹的黑檀木和桃花心木，其创作的玫瑰图案也演变为装饰艺术运动全盛时期的象征。作为装饰艺术风格的先驱，他多产的作品对后世的设计界产生了深远的影响。

插图（左图）
伊里贝设计的插图作品。

凤尾椅（右图）
这把椅子是伊里贝为杜塞设计家具作品之一，它高而松软的靠背采用褶皱作为装饰，不仅极为舒适，也营造出一种高贵的气息。椅子的木质扶手也被精心地刻上花纹，淋漓尽致地体现了伊里贝华丽的装饰艺术风格。

Part I

Part I

1883—1950

Pierre Chareau

皮埃尔·夏罗

法国建筑师、设计师。1883 年出生于法国波尔多。17 岁前往巴黎国立美术学院接受艺术教育。他因第一次世界大战而暂居巴黎，也正是这段时间开始了自己的设计生涯，他设计的家具外形简约前卫。20 世纪 20 年代开始，他对立体主义产生兴趣，由此他设计的家具及灯具也开始出现雕塑化倾向。除了家具及家居设计之外，他在建筑设计方面也大有建树。1932 年，由他所设计的玻璃之家（Maison de Verre）是法国第一幢采用钢材和玻璃构成外立面的建筑。白天室内可以享用室外的自然光线，而到了晚上内部的灯光又可以为庭院里提供一定的照明。在各个领域的出彩设计也使他成为法国装饰艺术运动中极具影响的人物。

室内场景

这是夏罗于 20 世纪 20 年代设计的一系列桌子、椅子和灯具。

Part I

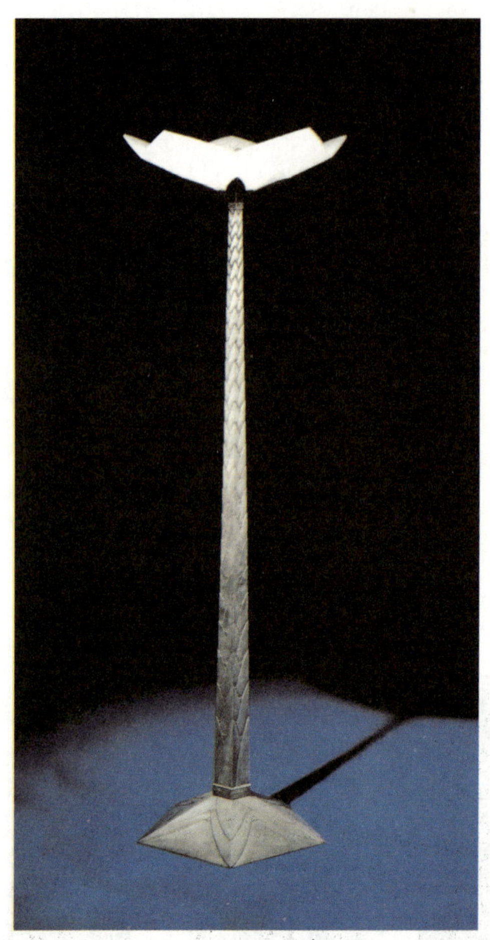

灯具（本页、右页）
灯具设计是展示夏罗才华的一个重要阵地，他设计的灯具造型独特，采用雪花膏石薄片作为基本材质，给人带来新颖特别的视觉美感。

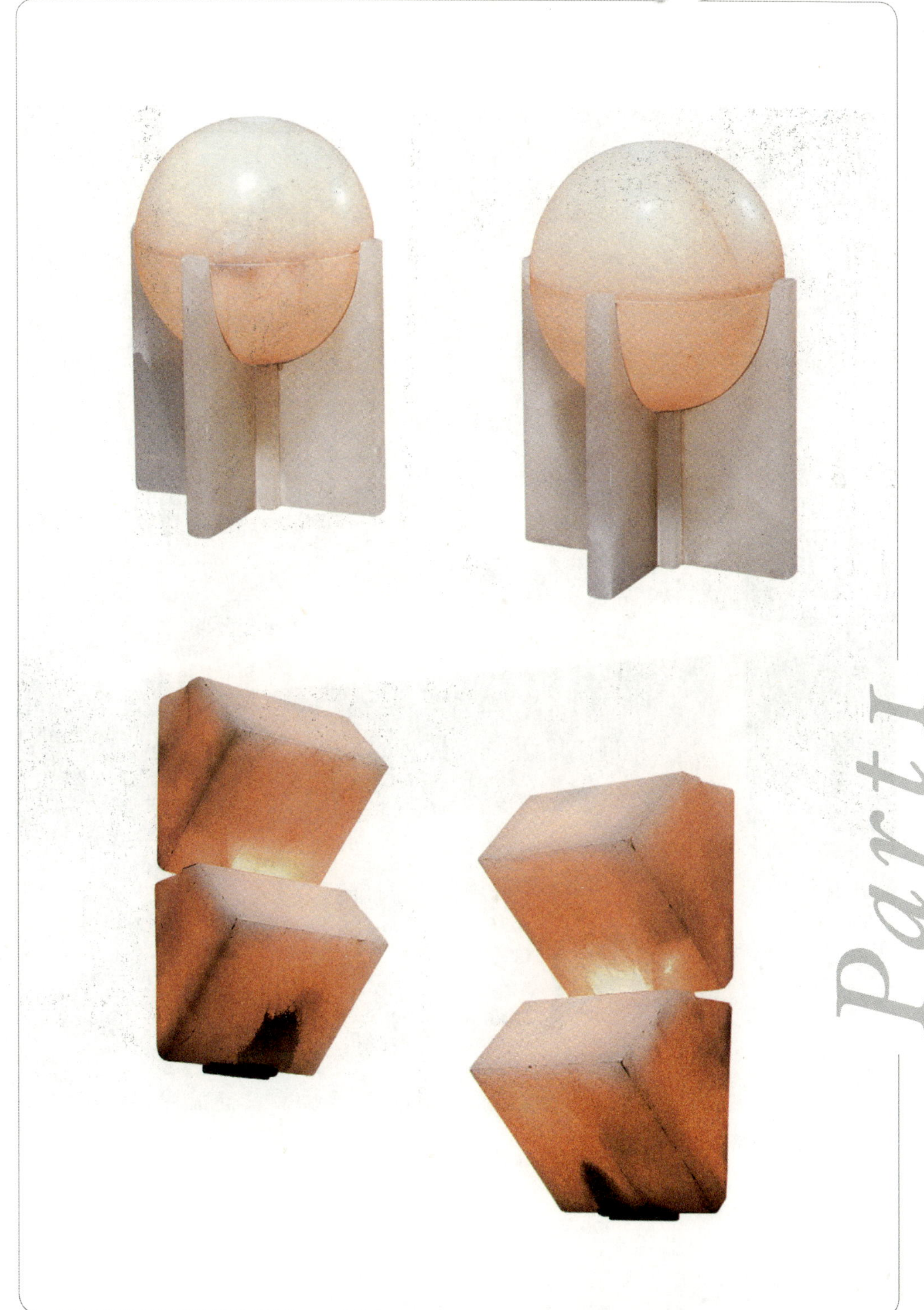
Part I

室内场景

这个室内场景中的桌子和椅子是夏罗于 1927 年设计的作品。

扶手椅（上图）
夏罗于1924年设计。

双人床（下图）
夏罗于1930年设计。

Part I

Part I

1885—1932

Charles Andre Mare

查尔斯·安德烈·梅尔

法国画家、设计师。1885 年出生于法国阿让唐（阿根廷）。19 岁时开始在装饰艺术学院接受正规艺术训练，两年后便在沙龙中展出了自己的创作。1910 年，他的创作重心开始由绘画转移到装饰艺术上，涉及的领域包括书籍装帧、家具设计等。他喜欢用牛皮纸和羊皮纸作为书籍封面的材料，同时以极具想象力的艺术语汇来表达自我的艺术风格，他的作品中经常出现装饰感极强的花卉图案和温暖的柔和色调，比如红色和黄色。他还会在绘制的颜料干燥之后，再涂抹一层清漆以保护画面，因此他的作品往往呈现出一种半透明的质感。正是由于其作品的独特魅力，导致巴黎的藏书者纷至沓来，委托订单络绎不绝。1919 年，他与合作者路易斯·苏（Louis Sue）一同成立了“法国艺术公司”。他们的设计范围非常广阔，包括家具、灯具、银器、墙纸、地毯等。他俩的家具设计在 20 世纪 20 年代的家具设计师中独树一帜，也因此成为法国装饰艺术运动的领军人物。

沙发

这是梅尔和苏在 1925 年的设计展中展示的一件沙发作品，雕刻精致的木料施以镀金，而舒适又现奢华的丝绒面料上充斥着极具装饰意味的图案。

Part I

平面设计

梅尔在这幅作品中展现了他设计的最爱，即红黄色调的暖色和装饰感极强的花卉图案。

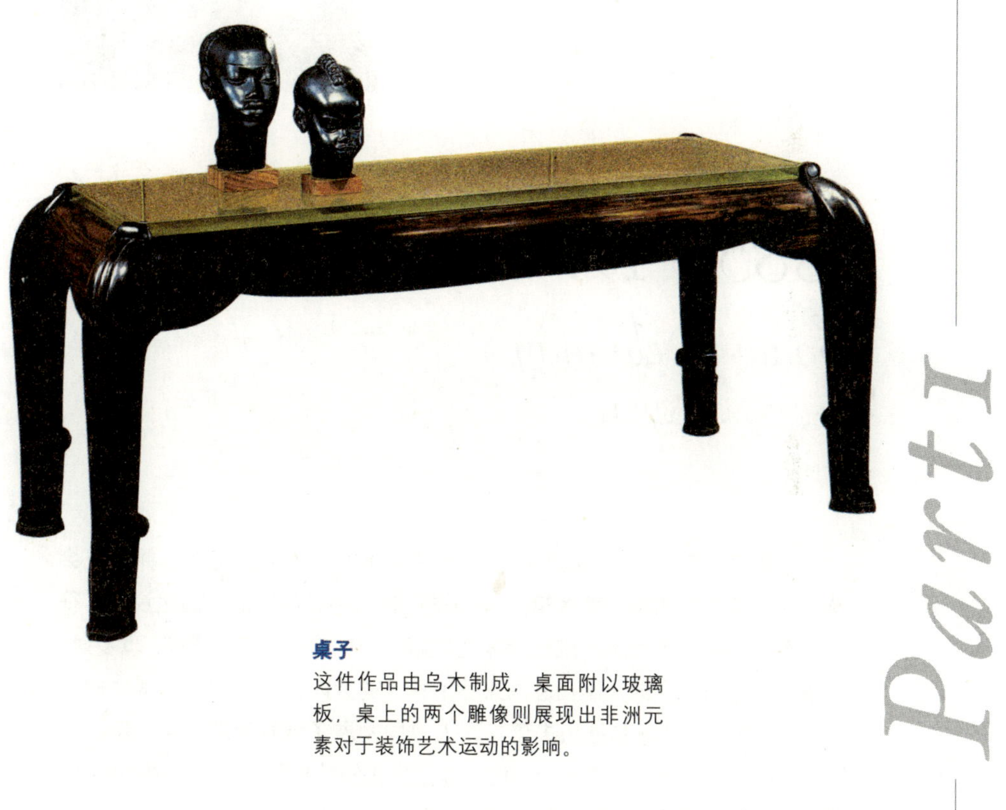

桌子

这件作品由乌木制成，桌面附以玻璃板，桌上的两个雕像则展现出非洲元素对于装饰艺术运动的影响。

Part I

1885—1979
Sonia Delaunay
索妮娅·德劳内

法国艺术家，1885 年出生于乌克兰。幼年移居圣彼得堡，并有机会游历欧洲各大博物馆及美术馆。18 岁的时候，她在绘画老师的建议下前往德国卡尔斯鲁厄的美术学院继续深造，直到 1905 年正式定居巴黎。25 岁时，她遇见了志同道合的法国抽象画家罗伯特·德劳内（Robert Delaunay，1885–1941），并与其结为夫妻。两人一同发展了俄耳甫斯主义。俄耳甫斯主义建立在立体派的基础上，但以其抽象化的结构和对色彩效果的强调，区别了两者的不同。20 世纪 20 年代，她致力于将这种充满美感的艺术形式引入到时尚领域，因此设计了许多类似的面料。20 世纪 30 年代，她又将自己的创作重心重新转移到绘画上来。1963 年，她将自己和丈夫的作品无偿捐赠给了巴黎国立近代美术馆。一年后卢浮宫展出了这些作品，她也因此成为在世入展卢浮宫的第一位女性艺术家。

面料

图中展示的是索妮娅 20 世纪 20 年代设计的面料作品之一，它以鲜亮夺目的色彩重复着简单的几何图案，也许索妮娅的本意是想体现俄耳甫斯主义，但无可否认的是，这一作品具有装饰艺术风格的鲜明特征。

Part I

Part I

1901—1968
Adolphe Jean-Marie Mouron
阿道夫·让-马利·穆龙

法国画家、商业海报设计师、字体设计师。世人大都熟悉他的笔名“卡桑德拉”（Cassandre）。1901 年出生于乌克兰。年幼时就移居巴黎，并就读于巴黎美术学院，之后又前往巴黎的茱利安学院接受艺术教育。在投身平面艺术设计之前，他曾当过画家、舞台设计师以及印刷技师。从 20 年代末到 30 年代初，他创作了一系列影响至今的海报作品，他设计的海报删除了所有多余的细节，使需要传达的信息得到最好的凸显。其主要成就在于他将前卫风格进行创造性的尝试，比如他把立体派带入了广告的主流世界。他的技巧主要表现在将鲜艳的色彩、有力的几何学造型及公司名字与形象完美地结合在一起。而在编排上则运用了许多新的处理方法，比如将文字围绕着画面的边框编排、运用几何图形造成一种放射感，从而形成画面张力。

《北方快车》

卡桑德拉设计的这款海报通过独特的透视角度给人以强烈的视觉冲击力，同时字体的设计充满了现代感，并且全部采用大写字母，以增强海报的整体效果。

Part I

《不屈服的人》

卡桑德拉于 1925 年为巴黎报纸《强硬派》所设计的海报，该设计充分展示了他的天赋和对画面高超的驾驭能力。在这幅海报中，卡桑德拉将象征法国民众声音的玛丽安描绘成一个向人民宣扬真理，同时拥有桀骜不驯性格的年轻女性。而那些呈放射状的线缆使画面充满了视觉冲击力。

《看上去好、尝起来好——杜邦纳》（上图）
这是卡桑德拉为法国名酒所设计的海报，它以类似漫画的形式诙谐地诠释了主题。其中的文字“DUBO”与法文“美丽、英俊”同音，而“DUBON”与法文“好”同音，故“DUBONNET”就是好得不能再好的意思了。

《最好的列车》（下图）
这幅海报中，卡桑德拉生动贴切地传达出速度之感。

Part 2
装饰艺术运动
美国大师及杰作

Part2

1867—1959

Frank Lloyd Wright

弗兰克·劳埃德·赖特

美国建筑师，生于威斯康星州，其父为音乐教师，也充当临时律师等职，颇受当地人敬仰。赖特少时在地方高级中学求学，1886 年被威斯康星－麦迪逊大学破格录取，入学土木工程系。但第二年他就离开了该校前往芝加哥，当时那里因 1871 年的大火而兴起巨大的城市重建工程，赖特加入了一家建筑事务所参与建筑实践。但也仅仅一年，他就离开该公司，转入了著名的阿德勒和苏利文合办的建筑事务所，成为苏利文的助手。1893 年成立自己的工作室。虽然他身处美国工业发展的旺期，但他对建筑工业化持批判态度。他设计的作品有近千个，其中许多别墅和小住宅实践了他民间建筑的理想，著名的有“落水山庄”等，他的建筑风格被称为“草原风格”，领美国现代设计之风潮，成为 20 世纪世界建筑界最富有诗人气质的建筑大师。赖特的设计可以说横跨了工艺美术、新艺术、装饰艺术这三大运动，其成熟期的作品主要在美国装饰艺术运动时期，因此在这里一并介绍。

落水山庄

赖特 1935—1939 年设计建造，位于宾夕法尼亚州，其居所建于瀑布之上，房间与室外平台及道路相互交织，错落有致，与自然景色融于一体，是赖特"草原居筑"的代表作之一。

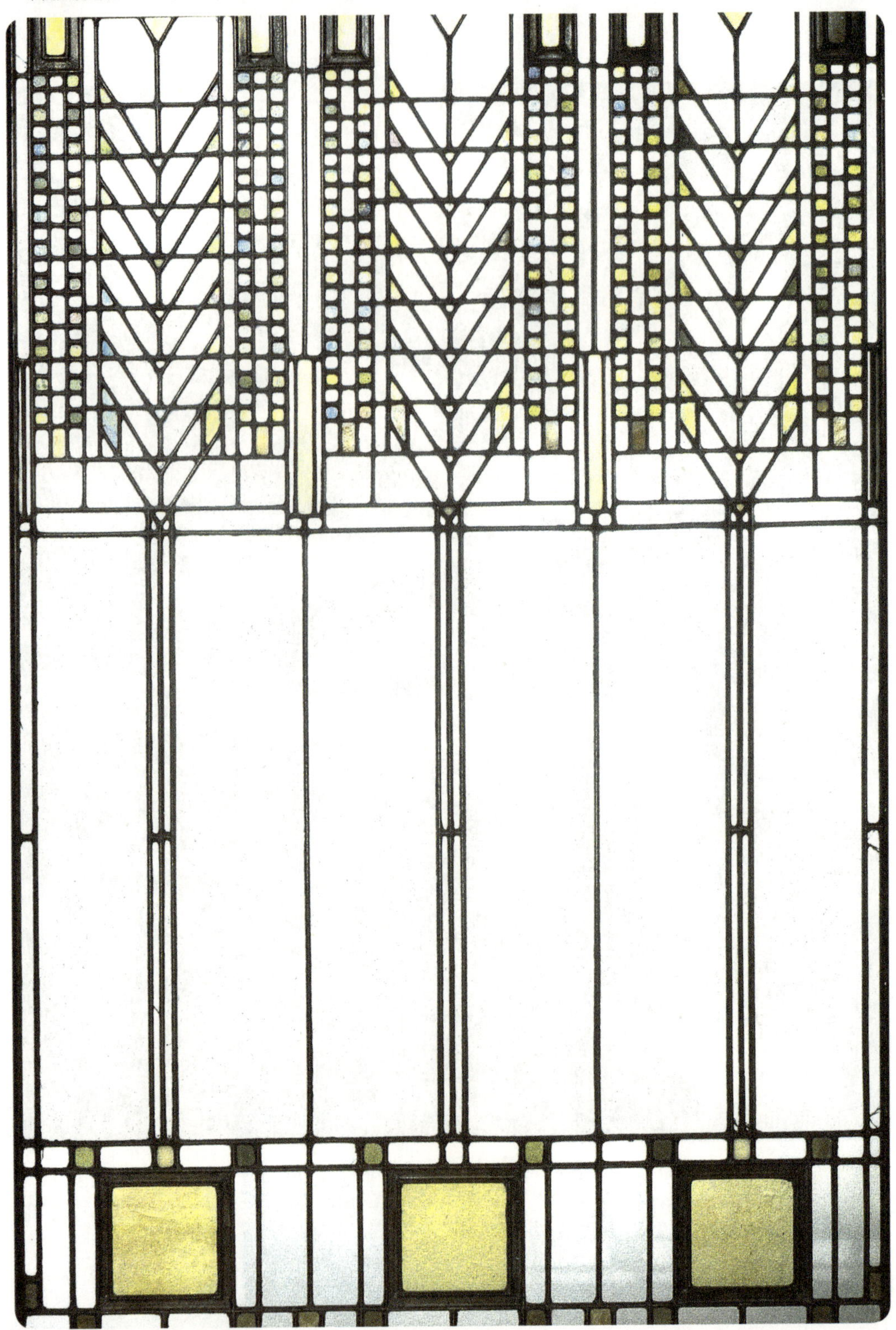

《生命之树》（左图）赖特约1904年的彩色玻璃窗作品，清玻璃和毛玻璃的组合，并有镀金铜等材质。

建筑外观
赖特1891—1892年设计的，位于芝加哥的詹姆斯·查恩利楼。现已成为博物馆和历史保护建筑。

装饰艺术运动的发端年代大约是在1895—1905年，对于美国建筑装饰界来说，这一时期是折中主义盛行的年代。英文“折中”（eclectic）一词源自古希腊文，本意为“选择性的”，这表明20世纪初的美国装饰艺术运动其实是一种“敞开的艺术选择”行为。因其是敞开的，所以便提供了足够多的艺术实验的可能性。美国建筑设计师弗兰克·赖特就是在这种历史情境下凸显其重要意义的。

在赖特建立起自己的声名之前，美国建筑装饰在一定程度上体现了某种可以称之为“苏利文主义”（Sullivanism）的风格。苏利文作为19世纪后期美国最重要的建筑师之一，所谓“摩天大楼”（Skyscraper）在一定程度上就是由他将其从语词概念转变为眼前现实的，他使建筑真正“高大”起来（而不仅仅是诸多“部分”的累加或堆砌）。在他所钟爱的建筑元素中，纵向细长线条占据了重要地位。与苏利文相比，赖特更重视横向线条的作用。如果说苏利文总体上让美国建筑看上去更加“轻灵挺拔”，那么赖特则使得美国建筑更加“厚重安稳”。这种差别并非仅仅导源于二人对于线条等技术性元素之使用的不同，其更深的原因在于他们生长生活环境方面的重大差别，以及由此所造就的生活观念、艺术观念的显见差异：苏利文受过良好正规教育，并且在巴黎高等美术院校学习过，因而其设计精神是城市化的、精致型的；赖特则在设计精神的大方向上疏离于“城市”与“精致”

Part2

（尽管在设计实践中并不排斥“城市建筑”或“精致建筑”），并且在终极意识方面抱有浓郁的超自然主义情怀——这一点是贯穿于赖特所有作品的一条精神主线，甚至可以说，赖特的建筑作品不仅饱含着他本人之世俗的此岸“人性”，而且包含了对于彼岸之“神性”的欲求。饶有趣味的是，这种通过建筑而表达出的向“高处”和“远处”的欲求，并不是通过强调纵向线条的作用来解释的，而是通过使用横向元素。这似乎也说明，认识赖特的建筑及其精神，不能仅限于眼睛观感，更应凭借综合意识和宽厚的情怀。

所谓“神性”元素，一般而言会先验地包含对“高姿态”的认可，因而赖特的建筑作品中并不缺少“高姿态”的含义。然而赖特本人的生活却是从“低姿态”开始的。赖特的童年是在威斯康星州叔叔家的农场中度过的，其早年生活环境颇具乡村风格和田园情调。赖特的母亲出生于书香门第，并曾从事教师工作，这使得赖特较早就熟悉了诸多欧美文学名家的作品。赖特的父亲曾在教堂唱诗班中从事音乐工作，这也令赖特得以轻松接触德国古典音乐。他后来在回忆文章中写道：“童年时代，我几乎是夜夜枕着贝多芬的奏鸣曲进入梦乡的。”与古典文学和音乐的“亲密接触”，造就了赖特丰厚的人文主义情怀。这种人文诉求与当时正在发生发展着的工业技术层面的革新具有一定程度的相异性，这种相异在某些设计师身上可能会表现为难以调和的冲突，但对赖特来说却是助益性因素：赖特之所以成其为赖特，或许正在于他能够在诸多歧异中找到某种圆融“路径”，从而超越这一层面上的各种不契，形成更高层次的统摄与把握。

工业技术、建筑材料等方面的革新，为赖特将其丰富的艺术想象铸造

建筑外观
赖特1901—1902年的设计作品。位于美国伊利诺伊州奥克公园的弗里克住宅。该建筑设计除了日本传统风格之外，还出现了一些类似维也纳分离派的形式特征。

建筑外观（右图）
赖特1905—1908年设计的，位于美国伊利诺伊州橡树园的联合教堂入口处。

为可观的实景提供了更多的手段。但“手段”毕竟不是“目的”，赖特建筑设计的出发点和落脚点，始终还是他那奠基于孩提年代并终其一生都不曾消散的人本主义价值观念。不过“手段”的重要性也是毋庸置疑的，无合宜的“手段”便无从打通指向“目的”的途径。对赖特来说，“手段”与“目的”两者不可或缺其一，这也就意味着“现代”与“传统”两者在赖特这里不可肢解为二。

对社会历程和社会特质给出“现代的”和“传统的”区分，意味着非常广泛的“标签”的形成，近代以来很多设计师个人风格或流派之间的分野便基于此。但对于在建筑设计乃至整个生活中都谋求某种圆融解决方案的赖特而言，无论是现代元素还是传统元素，都必须首先以审美的“灵光”来观照和审视。这是他对待设计和生活的基本态度。正如其深厚的人文观

室内场景
（左图、右图）
赖特设计的联合教堂，赖特采用几何形式来设计顶棚、墙面、家具、灯具，内部具有非常典雅和舒适的特点。

念来源于孩提时代一样，赖特的审美敏感力也得益于童年时代的“历练”：在赖特降生前，其母便知这将是一个男孩儿，打算将来培养为建筑设计师，因此，在一定程度上说，赖特的“设计师人生”乃是在其出生之前就被其母提前“设定”了的。童年的赖特除了被安排修习描绘等基本设计技术外，还每年夏天被送往亲戚家所在的农场，锻炼对自然的体验力。“自然”（或者说“农场”）是赖特艺术设计之启蒙的真正学堂，而早早就培育起来的“农场意识”，更是为其后来称之为“赖特主义”之代表作的“草原居筑”（Prairie

建筑外观
赖特 1899—1900 年设计的，位于美国伊利诺伊州斯普林菲尔德的达纳宅邸。

House）或草原风格打下了最坚实的基石。

所谓“草原居筑”，既是指赖特所设计的某些具体建筑作品，同时也指由赖特所开创的某种居住空间设计建造样式和风格，因而具有鲜明的“赖特制造”的含义。“草原居筑”是赖特在 20 世纪初期的第一个十年间，专门针对芝加哥及其周边地区的自然地理特征而给出的一种设计风格。对于此种设计的基本精神，赖特曾在 1908 年 3 月号的《建筑纪录》（Architectural Record）杂志上写道：“身处中西部地区的我们生活在大草原上，大草原

Part 2

有其自身独有之美，我们应发掘出这种美并使其彰显。由此，适度倾斜的屋顶、匀称的体量、简单的顶部边线、简约的烟囱和遮罩挡板，以及较低的地坪和外展的墙面围合而成的私人园地，这些都是适宜的设计方案。”

1932 年，赖特首次出版了其个人传记，其中对“草原居筑”作了进一步阐释：“我对草原的天然挚爱是由于它那非凡的朴素简约，树木、花卉、天空于其间竞相奔放。我觉得在这样的草原上，一点点的高度就足以显眼了，再大的宽度可能也会嫌其不足的。”他提出，处于如此开阔空间之中的建筑的横向延展线条或面层，都应与草原地面本身的延展特质相合宜。这一点也是“草原居筑”的基本特征。对于当时的美国建筑设计来说，“赖特制造”作为醒目的标签，意味着一种新的建筑语言的形成，“草原居筑”便是由这种语言所描绘出的精美画面之一。但这种语言的出现并非一朝一夕之功，也并非从“草原居筑”的出现才开始的，而大致可以溯源于 1893 年赖特为自家所作的一款设计，其中特别强调制造更多的开阔空间，并且空间单元之间的划分也不再借助于墙壁或门窗，而是以更为简单的建筑装置为界，在赖特的建筑语汇中，这被称为“开放设计”。此外，在其后的一些设计中，赖特还特别强调不同的建筑单体之间，在横向和水平延展角度上的关联度和整体性，每一个建筑单体都是整幅“画面”中的一个构成元素，彼此之间呼应成趣，各个建筑彼此之间乃至建筑与自然之间的隔阂因此而被弥合。

建筑外观（下图）
室内场景（右图）
赖特 1889 年为自己和家人设计的第一所住宅，位于伊利诺伊州。建成后，赖特又陆续拓展了部分建筑空间，增加了一个娱乐室、一个新餐厅和一个综合工作室。

室内场景（左图）
赖特1912—1914年所设计的利特尔宅邸，位于明尼苏达州，其对木材的大量使用和横线条装饰手法，正是标志性的“赖特制造”。

书橱
赖特家中的书橱，充分体现了草原学派设计师对于墙体结构的利用。

与此同时，赖特也非常致力于取消室内各个空间之间的割裂。赖特的这一努力在其设计纽约的拉金大厦（Larkin Building）时体现得格外明显。他在设计中取消了所有非承重墙，而代之以屏风式的简易隔离装置。后来他曾回忆说：“我意识到一个重大事件发生了，这是建筑中的一个真理，现在建筑可以真正自由了。”赖特还将其称为“盒子的解构”，传统意义上的“墙壁”在很大程度上被“屏壁”所取代，内部空间被最大限度地打通，由此，“建筑”一词的实际所指不再是“墙体”或“屋面”，而是“空间”。

以“屏”代“墙”之所以能够成功，还基于赖特对于材料的合理使用。并非所有材料都满足以“屏”代“墙”的条件，在材料的各类特质中，隔音效果、观感、手感等都比较重要。与此同时，赖特格外强调对自然材料的使用，在他看来这绝对不是一个技术性问题，而是一个关乎如何理解建筑之本质的理念性问题。他认为当时的美国建筑设计师们普遍缺乏对于原石、原木等自然材料的尊重与热爱，诸多材料的“原始特质”在人工的涂涂抹抹和敲敲凿凿中消失殆尽了，因而人与自然之间的距离在不知不觉中被拉大。对于赖特来说，这一境况意味着现代装饰的“致命缺憾”。在各种自然材料中，赖特对于木材格外钟爱，认为“木材就其各个方面而言对于人来说都是美好的，人乐于亲近草木，并爱其手感与观感”。在赖特看来，人与草木之间似乎有着天然的“血亲渊源”。他坚信，一个人与自然越是接近，他的人格、精神甚至包括体能就越能得到良好的拓展。在赖特的“字典”中，“自然”（Nature）一词的首字母始终是大写的，这与“上帝”（God）一

Part2

词的首字母也须大写的含义是相似的：对于赖特来说，"自然是上帝之身躯"。因此，赖特的设计理念之一就是让人参与到自然之中，并在自然之美中体验到快乐。这其中也蕴含着对于"人与自然和谐相处"这一宏大目标的欲求。不过，对于自然材料的热爱并不妨碍赖特同时对新型材料也表示认可，例如金属、玻璃、混凝土等，但赖特认为对于这些新型材料也需时常更新其使用方法，因而需要时时研究各种材料，以期为满足不断推陈出新的建筑设计方案提供更多的潜在可能性。赖特对机器的作用也表示认可，但强调机器在艺术家和设计师手中应该成为"工具"，而不是"主人"。

苏利文曾经将赖特的作品称为"有机建筑"，认为"赖特制造"十分注重整体与部分之间的"无缝融合"。赖特对苏利文的这一说法并不表示异议，但同时对"有机"这一概念的含义给出了更深刻的解释：建筑作品需要与它所处的时代、空间以及它所面对的人之间形成"无缝融合"，这才是真正的"有机"。以此为判断标准，便很容易对历史上的诸多建筑进行评判，划分出哪些作品是"有机"而"经典"的，哪些是没有长久生命力的"流行"或"应景"之作。从某种角度来说，赖特的建筑世界的"有机性"，在根本上体现于作为设计师的赖特本人与其作品之间的"无缝融合"，这是一种基于试图取消诸"分别相"这一信仰的生命力的融入。

1957 年，赖特写了一本书名为《证言》（A Testament），它一方面是赖特部分人生经历的记录，另一方面也是对其一生中重要建筑作品的解说

建筑外观
赖特 1900 年的设计作品。位于美国伊利诺伊州堪卡基的布莱德利宅邸。他采用了大量的基本几何图形，同时带有日本传统风格。

椅子
赖特 1914 年的设计作品，独特的靠背和椅腿造型体现了他对于几何的探索。

和注释。赖特将这本书的最后一个章节命名为“人性——世界之光”，在其中他这样写道：“偌大的太阳系是以‘光年’这种标识来予以识别的，但人之光（Man as Light）却是任何标识都无法识别清楚的，佛陀被认作亚洲之光，耶稣被认作世界之光，太阳是自然之光，人之光则是精神之光。在人之中没有比这光更高者，我们称其为美，美即是人之光的闪耀与临照，在其中，人类的建筑、艺术、宗教确证着人之生命的永恒。”

他一生的设计逾千件，完成并存世的超过五百多件，还为后人留下了诸多建筑设计模式，包括办公室、教堂、学校、天文台、酒店和博物馆等，以至于他的影响延至今天，成为世界范围内最重要的现代建筑大师之一。

建筑外观

赖特 1919—1921 年设计建造的霍利霍克宅邸，位于美国洛杉矶好莱坞，其横向线条的特征令建筑“厚重安稳”，是赖特有别于苏利文提倡纵向线条建筑的作品之一。

Part 2

1869—1924

Bertram Grosvenor Goodhue

伯特伦·格罗夫纳·古德休

美国建筑师。1869 年出生于美国康涅狄格州的庞弗里特（Pomfret）。年幼时由于家庭拮据，他只能在家中接受家庭式教育，1884 年，移居纽约的他前往建筑事务所做学徒，直至 1891 年。他的早期设计作品带有浓郁的古典主义倾向，其中包括哥特复兴风格以及西班牙殖民复兴风格。但到了晚期他的风格产生了较大变化，其设计展现出较为清晰的现代主义构思。内布拉斯加州议会大厦就是他晚期作品中的经典之作，设计中糅入了大量的美国传统文化精华，其大胆和创新令整个建筑界都为之轰动。而在装饰艺术运动打破一切旧有束缚的尝试中，议会大厦表现得非常具有文化气息。

室内场景

在内布拉斯加州议会大厦的内部装饰中，古德休运用了壁砖镶嵌、壁画、浮雕等各种手法来再现美国各民族的历史文化。

Part2

Part 2

1877—1963

Lee Oscar Lawrie

李·奥斯卡·劳里

美国雕塑家，生于德国利克斯多夫（Rixdorf），1882 年随家移居美国芝加哥，14 岁时即随雕塑师帕克（Richard Henry Park）工作，1892 年得以参加芝加哥城市建设的诸多雕塑工作，获得了丰富的经验，也得到业界的认可。1904 年在圣路易斯举办的路易斯安那购买博览会上所展出的建筑雕塑，成为当时最重要的雕塑作品，他也因此得与著名建筑师克兰（Ralph Adams Cram，1863—1942）成为合作伙伴。1924 年，担任独立雕塑师，为美国城市建筑创作了诸多著名的雕塑，其中以为纽约洛克菲勒中心所作的浮雕和雕塑最为出色。

门

洛克菲勒中心的一扇门，其上部浮雕为劳里的作品。

Part2

建筑外景

在内布拉斯加州议会大厦高达122米的穹顶塔楼上方，是劳里创作的著名雕像"播种者"，身材健美的雕塑形象赤脚站在由小麦和玉米组成的基台上，播撒着种子。"播种者"象征着内布拉斯加州以农业为主的经济方式。

大门

内布拉斯加州议会大厦的大门厚达 10 厘米，劳里在大门上方的浮雕中表现了原住民先驱者的迁移景象。

Part2

Part 2

1883—1954
William Van Alen
威廉·凡·艾伦

美国装饰艺术运动中著名的建筑设计师。1883 年出生于纽约布鲁克林，年轻时分别师从建筑师克拉伦斯·特鲁及艾曼纽·马斯克莱，学习建筑设计，并在纽约服务于多家建筑公司。1908 年赢得奖学金并前往法国继续深造，在巴黎跟随建筑师维克多·拉卢学习新古典主义建筑设计。两年后归国，设计兴趣也开始转向现代主义。1911 年与哈罗德·塞弗伦斯合伙建立建筑设计工作室，但两人因性格差异于 1924 年终止合作关系，进而成为竞争对手。20 世纪 20 年代末，在世界高楼的设计竞赛中，他以 319 米的克莱斯勒大厦击败了塞弗伦斯的曼哈顿信托大厦，成为当时世界上最高的摩天大楼，而克莱斯勒大厦也堪称美国装饰艺术运动中标志性的大厦建筑。

建筑外景

克莱斯勒大厦的委托方要求将建筑顶冠制成汽车散热器帽盖的样子，以此作为显赫的汽车制造帝国的标记。

Part2

室内场景（左图）
克莱斯勒大厦内部的电梯门装饰。

肖像画
巴黎学院派新古典主义建筑大师维克多·亚历山大·弗雷德里希·拉卢。艾伦曾在巴黎跟随其学习建筑设计。

威廉·凡·艾伦 1883 年出生于纽约布鲁克林，最初他在美国建筑师克拉伦斯·费根·特鲁（Clarence Fagan True，1860—1928）门下学徒。之后艾伦又在由法裔美国建筑师艾曼纽·路易斯·马斯克莱（Emmanuel Louis Masqueray，1861—1917）创立的、美国首家建筑工作室学习了三年。结束学业之后，艾伦先后服务于纽约的几家建筑公司。25 岁那年，艾伦赢得了一份前往巴黎深造的奖学金，并有幸师从巴黎学院派新古典主义建筑大师维克多·亚历山大·弗雷德里希·拉卢（Victor Alexandre Frederic Laloux，1850—1937）。1910 年重返纽约的他开始对现代主义建筑风格产生兴趣，次年艾伦和另一名设计师哈罗德·克雷格·塞弗伦斯（Harold Craig Severance，1879—1941）合伙建立了自己的建筑设计工作室，并以设计简约风格的办公楼而闻名。但内向的艾伦与外向的塞弗伦斯在性格上差异实在太大，这也间接导致了 1924 年工作室的解散。两位设计师分道扬镳各自实践自己的事业。20 世纪 20 年代末艾伦和塞弗伦斯展开了世界最高大楼的设计竞赛，最终由艾伦设计的克莱斯勒大厦击败了由塞弗伦斯设计的曼哈顿信托大厦，成为当时世界最高的摩天大楼，而克莱斯勒大厦也被视为美国装饰艺术运动中标志性的大厦建筑。艾伦也借此大楼一举奠定美国装饰艺术运动大师的地位。

克莱斯勒大厦的委托方是克莱斯勒汽车制造公司的创建者沃尔特·佩尔西·克莱斯勒（Walter Percy Chrysler，1875—1940）。总计 77 层，高 319 米的克莱斯勒大厦坐落于纽约市中心，被视为装饰艺术风格在摩天大楼上的完美演绎。整栋大楼采用钢结构设计，传统的哥特式尖塔和怪兽装饰经过艾伦的设计处理后焕发出全新的现代气息。大厦立面抛弃了繁复的装饰，大量使用重复、对比手法，间或点缀一些简单而富有象征意味的几

室内场景

克莱斯勒大厦内部的入口大厅。

Part2

建筑外景（左图、右图）
克莱斯勒大厦在外观上最精彩的装饰是上层修长的圆拱顶，每层圆拱都是饰有镀铬镍钢包铬面的三角形屋顶窗。

何图形。在内部设计和装饰上，克莱斯勒大厦更是处处体现了新思潮对于艾伦的影响，大厅内墙以各色大理石镶嵌，而安装在八角柱上的透视光源在满足照明功用的基础上更多地起到了装饰作用，打破了厅内墙、柱、门、窗等各种实体构成的单调格局，形成了强烈的虚实对比，这一新颖设计思路的运用以及大厅内各种实体立面华丽的色彩装饰，使整个大厅的氛围更显气派。克莱斯勒大厦建成后，其设计上运用的现代手法为当时的建筑师们开启了新的设计思路，在数十年间一直是纽约市的地标性建筑。而在大多数当代建筑师眼中，克莱斯勒大厦依然是纽约市最完美的装饰。

Part 2

1885—1966

Paul Howard Manship

保罗·霍华德·曼什普

美国雕塑家，少时在明尼苏达的圣保罗艺术学校学习，后去费城继续学业，并为数名雕塑家当助手，1909 年获得罗马大奖（Prix de Rome），而得以有机会去欧洲见习古典作品，这也是他的雕塑极富古典主义精神和象征的原因。他对印度的古典雕塑也别有兴趣。他是其同时代最早大范围地将古典艺术，包括古埃及、亚述和古希腊及古代东方在内的雕塑艺术加以融会贯通的艺术家之一。回国后，他将自己的风格定位在古典和现代相融合的方向，因而其作品具有非常大的辨识度，也因此被认作装饰艺术运动的先导之一。其代表作有坐落于纽约洛克菲勒中心的《普罗米修斯》（Prometheus）等。

《欧洲骑士》

曼什普 1925 年创作的作品，铜质。动物夸张的强壮同女性优美的体形，共同构成矛盾又和谐的组合，是现代艺术典型的表现手法。现由私人收藏。

《欧罗巴与公牛》

曼什普 1924 年创作的作品，铜质，古代神话题材的雕塑作品一直是装饰艺术运动重要的内容之一。现为波士顿阿克塞罗德的个人藏品之一。

《舞者和瞪羚》
曼什普 1916 年创作的作品，铜质。现藏于美国华盛顿特区史密森尼美国艺术博物馆。

Part 2

1886—1958

Paul Theodore Frankl

保罗·西奥多·弗兰克

美国装饰艺术运动家具设计师、建筑师、画家和作家。生于奥地利维也纳一富商家庭，德国柏林工艺专科学校完成学业后，在柏林和哥本哈根等地游历，1914年到美国纽约。他以全新的视角和独特的美学设计，在这里开拓自己的事业，先后以建筑师和画家的身份参与工作。20年代，在48街开设“弗兰克展示室”，后该展室成为美国现代设计的展示中心。后去洛杉矶定居，继续从事建筑和设计事务。曾撰著多本有关艺术设计的书籍并为杂志撰稿，主要有《新标尺：今天以文字和图片表现的装饰艺术》（New Dimensions：the Decorative Arts of Today in Words and Pictures）等。

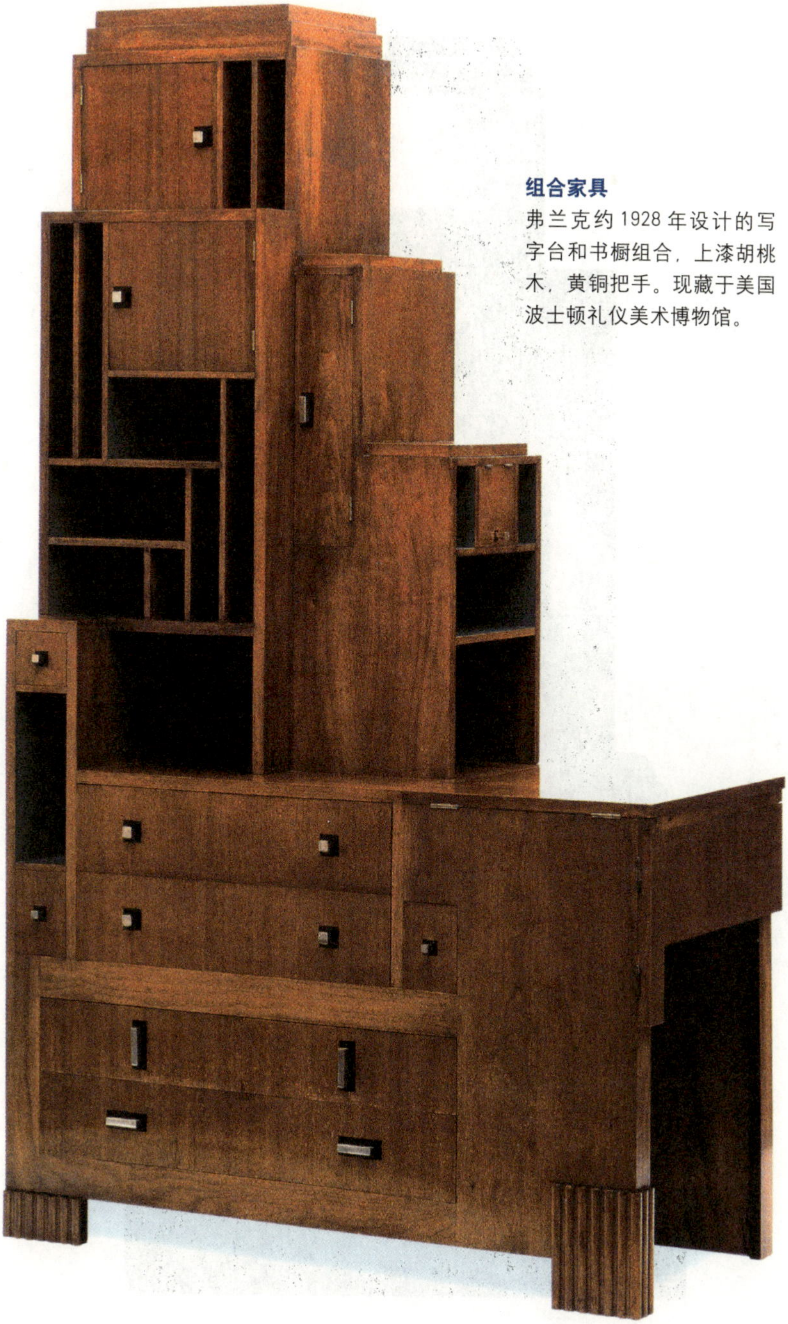

组合家具

弗兰克约 1928 年设计的写字台和书橱组合，上漆胡桃木，黄铜把手。现藏于美国波士顿礼仪美术博物馆。

Part2

Part2

组合家具

弗兰克常用红色和黑色的油漆作为家具创作的着色，鲜明的颜色对比，以及摩天大楼的造型充满了都市气息。

保罗·西奥多·弗兰克是美国装饰艺术家具设计的代表人物之一，他不仅是家具设计师，也是建筑师和工程师。他1886年生于维也纳，第一次世界大战爆发后于1914年移居美国纽约。弗兰克最初并没有摆脱掉身上浓郁的欧洲“遗韵”，其早期设计作品都没有鲜明的美国元素，也看不出美国族群所特有的精神气质，甚至在20年代初期，他还一度深受欧洲设计大师柯布西耶与格罗皮乌斯的影响，将关注点集中在功能主义建筑设计领域。从1925年起，他才真正开始能够体现其自身风格特质的家具艺术设计生涯，他试图让美国式生活的方方面面都具有鲜明的新精神。作为建筑师，他天生地对纽约的摩天大楼有着超乎寻常的敏感，这一点也反映在他的家具设计之中。他独创了一种“摩天家具”理念，即强调家具成品的立体感、纵向耸立感和纯粹线条感，同时力求在家具上布置尽可能多样化的功能区域，例如尺寸不一的各类抽屉，空间多样化的适合各类物件的储存柜等。

梳妆台

弗兰克约1930年的作品，基座为漆木，配有铜和玻璃镜子。整体造型线条流畅，有一气呵成之感。现由私人收藏。

Part2

Part 2

座钟
弗兰克20世纪20年代晚期设计的座钟。现藏于美国纽约布鲁克林博物馆。

摩天大楼书架（下图）
弗兰克20世纪20年代末设计的一对书架，采用加利福尼亚红木以及镀镍钢板，高229厘米。现藏于美国辛辛那提美术馆。

《摩天楼》

弗兰克设计的柜子，以不对称为特点，包括把手、抽屉和可以收放的搁板之涂漆都不一致。

男士柜子

弗兰克1930年设计的作品，红黑相间的漆木，镶有镀银镀金的饰板，上面有圆环拉手，底座镀金。

Part2

Part 2

1893—1986
Raymond Loewy
雷蒙德·罗维

美国工业设计师，美国工业设计的重要奠基人。生于法国巴黎一犹太记者家庭，少时即热衷设计。参加过第一次世界大战，并曾负伤。1919 年去往美国，先后为百货公司设计橱窗和为杂志作插画。1929 年开始从事工业设计，从此一发不可收，主持或参与项目多达数千个，包括工业产品设计、包装设计和平面设计等，代表了美国一代工业设计师无所不为的特点，并凭借敏锐的商业意识，促成设计与商业的结合，取得了惊人的经济效益。其设计重视视觉敏感性，既具有工业化特征，也富含人情味，在 20 世纪 30 年代率先在火车头、汽车、轮船等交通工具设计中引入流线型特征，从而引发了流线风格而获得国际声誉。是美国设计“形式追随市场”的代表。

标志
罗维 1971 年为“壳牌”设计的全新标志，沿用至今。

林肯大陆（下图）
罗维 1948 年设计的林肯大陆汽车，流线型是罗维的一大设计特色。

Part2

20世纪初，当欧洲的现代装饰艺术设计之探索与实验正进行得如火如荼之际，雷蒙德·罗维引领美国设计界异军突起，开始了以商业需要为服务导向的装饰设计运动。他们以市场为导向，在美国这个工业化程度最高的西方国家进行了一场伟大的装饰设计革命。

比较而言，美国的那一代设计师与欧洲同时代的设计师有很多不同之处。欧洲设计师基本上都具备建筑设计师等职业背景，并大多具有较为坚实的高等教育基础，有相当一部分人还是建筑专业科班毕业，有长期的建筑设计实践经验。美国的这一代设计师则是另外一种情景：他们的专业背景五花八门，个人经历也多有不同——有的曾经从事过与展示展览设计有关的行业，有的则从事过市场销售与公关工作，而且其中很多成员都没有接受过正式的高等教育。但他们也有自身的优点：非常擅长市场竞争，对新型设计潮流的走向能够快速而准确地把握。由于普遍缺乏较为系统和专业的设计理念和设计哲学，因此他们也没有什么有深度的理论性著作或表述，他们提供给世人的是一个又一个的作品，而不是思想。他们旨在通过设计做生意，而不是研究设计的社会性功能。

罗维就是这样一个典型美国式的、高度商业化的设计大师。他生于法国巴黎，第一次世界大战后移居美国，最终在美国建立起自己的职业基础，成为美国工业装饰设计的重要奠基人之一。他一生从事工业产品设计、包装设计、商标设计及平面设计等，毕生所参与和制作的设计项目高达数千个，涉猎范围十分广泛：从无处不见的可口可乐瓶子及其商标，到美国宇航局的“空中实验室”，从一个小小的香烟盒到“协和式”飞机的内舱，几乎无所不包。他被称为“工业设计之父”。

刚到美国时，罗维主要从事杂志插图和橱窗设计，设计生涯的转折点出现在1929年，这一年他接受了为一个企业家设计新型复印机的任务。当时的复印机一般都是四脚外露的，罗维对其外形做了全面的简化处理，把原来“张牙舞爪”的机器改造成了一个整体感很强、功能良好的产品。这款设计由于其外形简单、方便批量生产而取得了理想的市场效果。从30年代起，罗维开始参与设计火车头、汽车、轮船等重大交通工具项目，并在设计中引入了流线型元素，从而引发了后来风靡世界的“流线风格”。

罗维是一位具有极高实践热情的设计师。他认为在现代设计领域，最重要的不是什么概念、理念或哲学，而是设计的经济效益问题。对此，他曾有过一句名言：“对我来说，最美丽的曲线就是销售上升的曲线。”作

卷笔刀
罗维 1933 年设计，其实用的价值和有趣的流线造型，是美式工业设计的典型之一。

为美国第一代工业装饰设计师，他身上没有任何学究气，也没有所谓的知识分子惯有的理想主义成分；对他来说，设计的目的很简单——为了“促销”。通过他的实践，装饰设计行业在美国被高度地专业化和商业化了。罗维在他所认定的方向上走得十分成功：他的设计公司是 20 世纪世界上规模最大的设计公司之一。

罗维虽然重视其作品所带来的“实利”，但是他也对各种设计观念给予了适当的关注，只不过他从不把这些东西作为重要事物来看待，也从来不打算建立自己的设计体系或学派。他对于那些源自欧洲的包豪斯主义、新艺术运动等艺术观念都非常熟悉，但也仅限于了解而已，并不准备将任何一种既有的艺术观念提升到“主义”的高度来束缚自己。他是一个完全凭借敏锐的直觉来进行设计的大师。尽管如此，他还是有自己的基本设计原则，那就是：简练，实用，典雅，美观。他认为好的功能应该有好的外形，好的外形又可以更好地体现它的优越功能。

作为一个优秀的设计师，罗维还具有非凡的管理才能。他从 30 年代开始建立自己的设计公司，业务范围包括交通工具、工业产品、包装等多方面设计业务，雇员高达上百人。他一生获得了无数殊荣，他也是第一位登上美国《时代》周刊封面的设计师。

Part 2

1893—1952

William Frederick Lamb

威廉·弗雷德里克·兰姆

美国建筑师。1893 年出生于纽约布鲁克林，先后就读于哥伦比亚大学建筑学院以及巴黎美术学院，1911 年学成从巴黎归国后不久便加入了卡尔雷尔和黑斯廷斯建筑公司，并在 1920 年成为合伙人。在公司服务期间，他参与并主导了纽约帝国大厦（Empire State Building）的设计。位于纽约曼哈顿市中心的帝国大厦，是一栋 102 层高的装饰艺术风格的摩天大楼。建筑主体高达 380 米，如果加上天线的高度，总高度为 444 米，1931 年建成之时，一举超越威廉·凡·艾伦的克莱斯勒大厦成为当时世界第一高楼。除此之外，他还参与设计建造了福布斯杂志大厦、标准石油大厦以及银行家信托大厦等项目。

建筑外景

帝国大厦的名字来源于纽约的别称“帝国之州”，是装饰艺术运动中的典范建筑。

Depero
-1920

Part 3

装饰艺术运动
意大利大师及杰作

Part 3

1878—1962
Marcello Dudovich
马塞洛·杜多维奇

意大利画家、插画家及海报设计师。1878 年出生于意大利东北部的港口城市特里斯特（Trieste），其父母和祖上都是移居此地的塞尔维亚人。在当地著名的皇家学院完成学业之后，他开始与父亲一起合作，进行插图、广告招贴及海报设计。1897 年移居米兰，并在那里从事音乐剧的海报设计。两年后前往博洛尼亚开始设计书籍的封面和插图。1905 年，他再次回到米兰的海报设计工作中，并创作了一系列闻名遐迩的海报。20 世纪 20 年代之后，他开始更多的承接商业类海报的设计，其中包括百货公司和各类汽车及轮胎品牌。第二次世界大战之后，他基本停止工作转而开始专心于自己的绘画创作。他被誉为意大利最伟大的海报设计师之一。

海报

杜多维奇 1934 年为菲亚特汽车所绘制，水粉画，具有浓郁的装饰主义风格。现藏于意大利菲亚特档案馆。

Part 3

1891—1979

Gio Ponti

吉奥·庞蒂

意大利设计师，艺术家，生于米兰。1921 年毕业于米兰理工大学建筑专业，1923 年与人合作开办建筑事务所，1926—1933 年为“庞蒂－兰西亚工作室”的成员，这期间他深受米兰新古典主义影响，1933 年他又参与成立“庞蒂－佛纳罗利－松奇尼工作室”，这次合作持续到了 1945 年。1936 年起任教于母校米兰理工大学。1952—1976 年为“庞蒂－佛纳罗利－罗塞利工作室”的一员。早在 20 年代他就有过数个出色的建筑设计，此后他的建筑设计遍布世界各地。其设计还包括室内装潢、家具、陶瓷、灯具、金属及玻璃制品等，包罗万象。1928 年、1941 年先后创办杂志《多穆斯》（Domus）和《风格》（Stile），是倡导意大利设计理论和实践并重的出版物。他还参与发起组织了米兰设计三年展，倡导“艺术的生产”，他的“实用加美观”的观念成为意大利现代设计的主导原则。他被誉为意大利现代设计的“复兴者”。

《经典的对话》

庞蒂与雕塑家安德莱奥蒂1927年共同创作的一款瓷器作品，其精致的绘画和制作工艺极富装饰性。现藏于意大利米兰波尔第·佩佐利博物馆。

Part3

Part3

吉奥·庞蒂是意大利的设计师和艺术家，无论在建筑设计界，还是在传统绘画乃至出版领域，他都取得了极高的成就。

庞蒂 1891 年出生于米兰一个中产阶级家庭。作为独子，他备受宠爱，以致他的父母认为他太过脆弱，不能去一般的学校读书，因此在他上学的头两年，他被送到一所女校就读。这种经历导致庞蒂内心有一种莫名的自卑感。他曾经回忆说：“与生俱来的自卑感伴随着我的一生，只有一些大的事情才能让我找到归属感。在很多人的关注下，我一生都在推行的建筑革新，也让我有了归属感。”对庞蒂来说，从小形成的自卑感也并非全无益处，至少这令他一贯拒绝浮躁，踏踏实实地进行思考与实践。甚至在一定程度上可以说，正是这样的自卑感成就了后来堪称伟大的庞蒂。

1921 年，庞蒂从米兰理工大学建筑系毕业。这之后，他没有直接投身于建筑设计，而是先与当时意大利一些著名的陶瓷厂合作，设计制作了大批陶瓷作品，其中包括日常用品、装饰摆件和建筑瓷砖等。这些作品具有浓郁的装饰艺术风格，同时也包含了很多来源于古典神话和古典装饰艺术的新型元素。1923 年，年轻的庞蒂受邀担任一家陶瓷公司的艺术总监，旋即以比较激进的姿态推出了一系列新型设计，瞄准特定的市场群体的不同需求而将产品划分为不同的“家族”，同时着力探索广告推销技巧。庞蒂监制的作品在 1923 年的蒙扎博览会和 1925 年的巴黎博览会上均获得了不菲的声誉，赢取了巴黎博览会陶瓷品的最高奖项。庞蒂具有比较明显的现

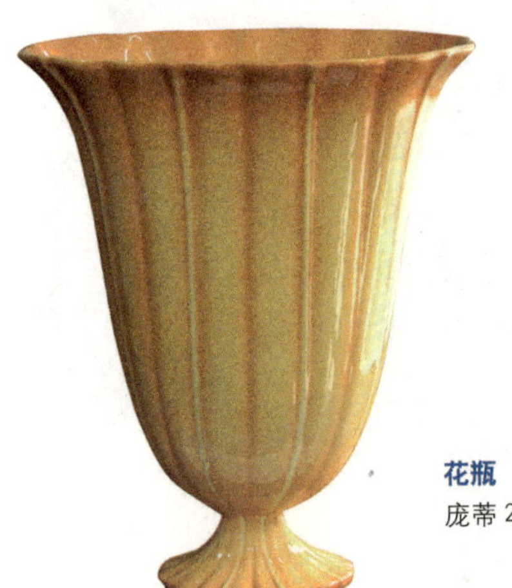

花瓶
庞蒂 20 世纪 20 年代的作品，黄色釉彩陶瓷。

花瓶

这款花瓶为庞蒂在 1925 年的巴黎博览会上赢得大奖。

代主义倾向，他曾就此在一份产品介绍目录中写道：“工业化是 20 世纪的主导形势，也是 20 世纪的创造方法。”庞蒂的这种判断也在其他艺术观察者那里得到了一定的印证。其实，当时陶瓷还是一种相对比较新的设计材料，如果用“古典”和“现代”来区分，它属于“现代”型材料。但庞蒂却用这种“现代”之物设计制作出了深具“古典”意味的作品。他认为在古典和现代之间并不存在截然分别的鸿沟。

1928 年，庞蒂开始了他艺术生涯中的另一件大事——创办《多穆斯》（Domus）杂志。这是一本对意大利设计业界产生巨大影响的杂志，甚至有人将之誉为不折不扣的“意大利设计史”。1941 年庞蒂曾一度离开《多穆斯》，转而创办了另一本同样重要的杂志《风格》（Stile），但七年之后他再次回到《多穆斯》主持工作，直到 1979 年去世为止。这两份杂志是庞蒂驰骋其艺术想象力的无拘无束的“跑马场”，对当时的意大利乃至世界各国的建筑设计师都提供了不菲的滋养，许多很有影响力的建筑师和设计师都曾与《多穆斯》有过紧密联系。《多穆斯》与其他建筑专业杂志的最大不同之处在于：它并不局限于狭隘意义上的建筑题材，而是将视线拓宽到一个更大的范围，包含了建筑、设计、艺术三大领域；它既有最专业

Part 3

椅子

（左图、右图）庞蒂设计的这把椅子，体现了他对于功能的诉求以及对于结构的简化。

的建筑评论、最新的设计作品，也有专门介绍当今全球最新材料技术的“材料世界”以及“艺术家访谈”等板块；既有关于结构、环境等问题的讨论，也有关于政治、社会、伦理等问题的评论。《多穆斯》的发展，既记录了城市、建筑、设计、艺术、文化中最深刻、最有力的诸多思想和作品，同时也从一个侧面折射出人类文明的某一方面近一个世纪以来的发展变迁。

庞蒂的设计原则或艺术理念，可以用俗语“两手抓、两手都要硬”来形容，即一手拥抱历史，一手拥抱现实。他主张以艺术为手段，在历史与现实之间找到一种嫁接。他的设计范围非常广泛，涉及日常家居生活的点点滴滴：小到一把勺子，大到一把椅子，一张沙发，乃至整栋大楼。他为世人留下了无数精美之作。1948 年，庞蒂设计出品了一款新式咖啡机，咖啡机的主要组件被重新分布，既方便了使用，也深化了审美效果。作为设计潮流的倡导者，在工业设计领域，庞蒂主持创办了有名的“米兰设计三年展”，

Part3

办公柜

庞蒂参与设计与制作的橱柜，约1950年的设计作品。将建筑印制在橱柜四壁，令作品整体呈现微型建筑图像的效果。木质和金属构件组成，涂透明漆。

服务台

庞蒂 1935 年的设计作品，花梨木，整体造型因弧线的运用而显得圆润自然，有一气呵成之效。

提出“艺术生产”的主张，使“实用并美观”的原则成为意大利设计领域的主导意识，也因此，有人将庞蒂称为意大利现代设计的“热情的传教士”，一位全能的“文艺复兴者”。20 世纪 50 年代，庞蒂还促成了意大利工业品外观设计协会“金罗盘奖”的设立，如今这一奖项已成为工业设计领域最重要、最受尊重的奖项之一。

庞蒂设计的重中之重是建筑。对于建筑设计的热爱，庞蒂曾经在他所撰写的《热爱建筑》一文中这样写道：“热爱建筑，无论古代的、现代的建筑；热爱建筑，为它以具体形式所创造的离奇和神圣，使我们陶醉、沉迷，同时为我们的生活提供便利。爱它的安静，爱它的喧嚣，爱它的神秘，爱它的力量。热爱建筑，为这四壁内隐藏的哀与乐、悲与喜；热爱建筑，因为我们的生命融入其中，这里有我们的欢乐、梦想、不幸、希望、祈祷以及一切宝贵的东西，每一个墙壁似乎都在诉说历史。”虽然庞蒂对于建筑的热爱是不分门类的，但在具体的设计创作中，他大致将建筑区分为公共建筑与私人建筑两大类别。对于公共建筑，他曾经这样形容道：“圣主创造了平原、山谷、湖泊、河流和天空，但大教堂的轮廓、立面和钟楼的造型，是由建筑师设计的。在威尼斯，圣主仅仅创造了水和天空，其余的则都为建筑师所创造。”

Part3

Part3

1970年建成的塔兰托（Taranto）主教堂，就是他赠送给上天的一份建筑奇迹，这座教堂不同于一般教堂的地方包括：正面的窗户都作了镂空处理；与传统教堂完全把信徒容纳于室内不同，这座教堂没有穹顶，也不封闭，光照、气流甚至小鸟都可以从里面穿过。用庞蒂自己的话说，这座教堂“就是一个无穷无尽的宇宙”，他说，“我真希望我是30岁而不是80岁，为了这座教堂，我付出了我全部的精力”。在此，我们不禁联想到新艺术运动时的西班牙建筑大师高迪（Antoni Gaudi，1852—1926）对于他所设计的圣家族教堂的深沉情感。

除公共建筑外，庞蒂在私人建筑领域的作品也同样精彩。1925年，他在米兰设计了所谓“风格屋(Domuses)”住宅建筑。这是一座由十余幢住宅楼组成的建筑群，每一幢楼都用一个女性的名字命名。住宅楼虽然被大致排列在一个相对集中的区域，但每个楼体却被涂以不同的颜色，形成了街头一道色泽靓丽的别样风景。从外观上看，这些住宅楼只是样式传统的普通建筑，但是内部安置的所有家具都是可以自由拆卸组合的，因而既可以提供多种化的实用功能，也满足了对于空间之多样变换的需求。

出自庞蒂之手的供私人使用的建筑作品还常常突破“都市的束缚”，突出强调与自然有关的审美意趣，例

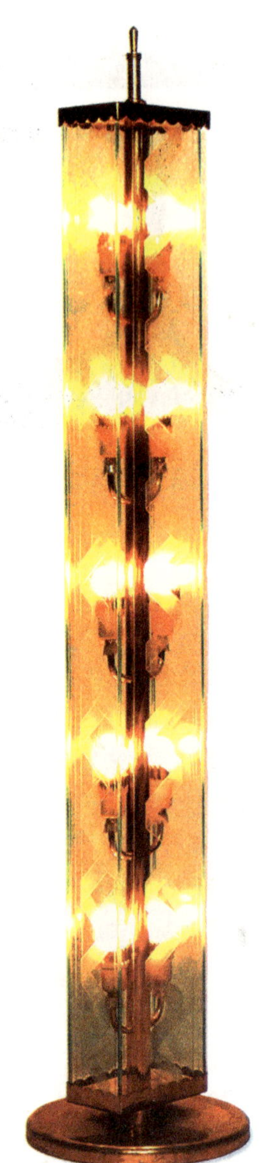

落地灯

庞蒂约1935年的设计作品，为一长方体玻璃匣内绕中心轴设置了五组共十盏灯头，形成迷幻瑰丽的照明效果。

吊灯
庞蒂 20 世纪 30 年代的设计作品，采用色彩鲜艳的几何造型，颇具装饰艺术风格。

如他的一个别墅作品，就将当时一些很著名的陶瓷浮雕嵌入到了灰泥层里，为建筑外观增添别样清新的格调。庞蒂自己用诗一样的语言来形容这座别墅：这是一座“被一队轻盈颤动着的蝴蝶翅膀保护着的房子，每当夜幕降临时，这只斑斓的蝴蝶就会在城市的上空盘旋”。

私人建筑最主要的功能就是作为家居空间使用，对于“家”这个概念，庞蒂也有着他自己的感悟和理解：“理想的家不是压抑的，不是被设计出来的，而应该是完全打破范围。在它里面，卧室、餐厅、客厅、书房是可以贯通的。”为了实现不同功能空间之间的贯通，庞蒂发明了一种具有装饰效果的窗户，室内的一切通过透明的玻璃一览无余。这是一种“大空间”的设计理念。庞蒂曾经这样形容他自己的家：“我的家居住环境非常大，那么如何获得如此之大的空间呢？我采用了开放式的结构，在这个居室里，大部分的门被取消了，非常舒服，有一目了然的效果。这个家的建造是分成很多局部，分别来建造的。可以说达到了最初我想要的建筑效果，没有去迎合现在所谓流行的建筑理念。我就是想要达到一个最大的空间，获得一个开阔的视野。”

Part3

1892—1960

Fortunato Depero

福尔图纳托·德佩罗

意大利画家、作家、雕刻家和平面设计师。1892 年 3 月出生于意大利北部特伦蒂诺地区的小镇丰多（Fondo）。之后在罗韦雷托（Rovereto）长大并成为一名大理石匠人。1913 年，前往佛罗伦萨旅行，在那里他接触到了未来主义，并深受未来主义运动发起人菲利波·托马索·马里内蒂（Filippo Tommaso Marinetti，1876—1944）文章鼓舞。次年又在罗马结识了另一位未来主义大师贾科莫·巴拉（Giacomo Balla，1871—1958）。1919 年，在罗韦雷托创立了未来主义艺术之家，专门生产未来主义风格的玩具、挂毯和家具。1928 年，移居纽约，除了为《纽约客》等杂志设计封面之外，还从事舞美设计以及室内设计。最后他还是回到了自己的家乡，并在那里建立了自己的博物馆。他设计的平面作品和挂毯，都拥有浓郁现代主义气息的线条和色块，是装饰艺术运动初期标志性的模式之一。

《瑟拉达》

德佩罗 1920 年绘制并设计的挂毯。其线条和色块间的组合富有浓郁的现代主义气息，是装饰艺术运动初期标志性的模式之一。现藏于意大利特伦托现当代艺术博物馆。

Part 4
装饰艺术运动
斯堪的纳维亚大师及杰作

Part 4

1873—1950

Gottlieb Eliel Saarinen

戈特利布·伊莱尔·萨里宁

芬兰建筑师，生于芬兰兰塔萨尔米（Rantasalmi），少时在赫尔辛基受教，后入赫尔辛基科技大学学习。1896—1905 年成为一建筑设计事务所的合伙人，是 1900 年世界博览会芬兰馆的设计者。1904 年设计赫尔辛基中央火车站，该建筑于 1914 年建成。1923 年移居美国，1925—1941 年在密歇根州先后设计了诸多大型建筑，包括克兰布鲁克基金会大厦等。1932—1948 年任密歇根艺术学院院长，1948—1950 年任建筑系主任。还设计有印第安纳州哥伦布基督礼拜堂等。著有《城市，它的成长、衰落和未来》（The City，Its Growth，Its Decay，Its Future）等。

建筑外景

美国密歇根州东南部的克兰布鲁克校区建筑充分体现了萨里宁将建筑、艺术与自然融合的建筑思想，廊柱的每个柱头上都有风格统一，但内容不同的装饰图案。

画稿

这是苏尔－梅里约基农场居所大厅的效果图。该农场位于芬俄边境，萨里宁于1903年设计。钢笔和水粉画，萨里宁本人所绘。建筑本身毁于第二次世界大战，该效果图现藏于赫尔辛基芬兰建筑博物馆。

芬兰人萨里宁可谓横跨了新艺术与装饰艺术两大运动，但其主要成就是在其移居美国之后。他在美国搭建了他的建筑设计之梦，并且十分出色地完成，乃至后人将其列入诸多卓有成就地开创了现代主义建筑思潮的设计理论家和实践者名单之中。

萨里宁原在赫尔辛基科技大学受教，毕业后于1896年同人合伙开办了建筑设计事务所，1900年所设计的世界博览会芬兰展馆可说是他第一个重要的作品。在1923年移居美国前，他留在赫尔辛基的作品最值得一提的是中央火车站，它至今仍被看作这个城市最重要的地标性建筑之一。车站大楼稳重雄厚而又不失现代感，着实给人一种安全的感觉。1917—1918年萨里宁为赫尔辛基制定了新的城市规划。移居美国后，他受邀为底特律郊区的一所校园作整体规划和设计，正是在这个项目中，他的建筑主张得以充分地体现：建筑必须融入百分百的环境关系之中；建筑师不仅要考虑城市整体布局和局部的建筑楼群，以及室内设计和装饰物件等因素，更要考虑如何在方案中融合尽可能多的艺术元素。萨里宁的建筑理念是：设计

建筑外景

芬兰赫尔辛基中央火车站，车站大楼稳重雄厚而又不失现代感，至今仍被看作这个城市最重要的地标性建筑之一。

Part 4

Part 4

茶和咖啡套具
萨里宁约1934年的设计作品，电镀镍、银，铜和胶木，由国际白银公司威尔考克斯银器分公司制作，现藏于美国纽约大都会艺术博物馆。

一样东西的时候，永远要考虑更大的环境——房间里的椅子，房子里的房间，环境里的房子，城市规划中的环境，从小到大，以大看小，这其中一个环节都不能少。这是一种整体式的和结构性的设计思想，也是一种富含有机精神的思路。萨里宁说："城市是一本打开的书，从中我们可以看到它的抱负。""让我看看你的城市，我就能说出这个城市居民在文化上追求的是什么。"他是美国新艺术运动的主要代表人物之一。

1924年萨里宁成为密歇根大学客座教授，1932年又成为密歇根艺术学院院长，后又任建筑系主任。在他诸多出色的学生中，就有著名的现代主义设计大师伊姆斯夫妇（Ray Eames & Charles Eames）。他的建筑设计理念深深影响了一代美国设计师。虽然他的用武之地主要是在美洲大陆，但是他并未完全脱离北欧风格的设计理念。事实上，他及后来的现代主义建筑思潮所极力强调的建筑的功能性，其本身就是北欧建筑设计理念的一部分。

室内场景

萨里宁位于密歇根州克兰布鲁克教育社区的住宅内景，1929 年设计，包括其中的家具也表现了设计师“古典现代主义”的风格取向，图片中的餐椅椅背前后线条一致，也与椅子的脊线、椅腿一致，十分精致。

Part 4

1875—1955

Carl Milles

卡尔·米莱斯

瑞典雕塑家，生于乌普萨拉，1897 年赴法国巴黎学习艺术，并曾在罗丹的工作室工作。1904 年去德国慕尼黑。1906 年回国，购买了斯德哥尔摩附近的一座岛屿，修建了一座“米勒花园”，并将之作为其雕塑的私人展示空间，1936 年他将之捐给了瑞典人民。1941 年去美国，任教于密歇根州的克兰恩布洛克（Cranbrook）艺术学院。他擅长为城市喷泉配设雕塑。

Part4

《舞动的女祭司》

米莱斯 1912 年设计的作品，取材于古希腊神话，铜质。装饰艺术运动中的雕塑艺术往往以古典故事为题材。现藏于瑞典斯德哥尔摩卡尔·米莱斯博物馆。

Part 4

1884—1961
Erik Magnussen
艾瑞克・马格纽森

丹麦设计师，生于哥本哈根，早年在艺术与设计应用学校学习陶瓷艺术，后自学银器制作，14 岁时进其叔父的艺术画廊当学徒，1909 年开设工坊，创制富有个性的银器和瓷器，并曾得到哥本哈根皇家瓷器厂的订单。1925 年去美国，在纽约的格汉姆银器公司（Gorham Silver Co.）担任艺术总监。他的设计十分独立，并且一反传统的结构模式，1927 年设计的《立方体》咖啡具为其成名作。1929 年，在纽约和芝加哥开设自己的工作室，并随后又去好莱坞发展。1939 年回国，第二次世界大战期间，曾制作了诸多富有民族题材的珠宝和银器。

《立方体》

亦名《曼哈顿的光和影》。马格纽森 1927 年设计的咖啡套具，银、镀金银和氧化银，由格汉姆银器公司制作，现藏于罗德岛设计学校的艺术博物馆。

Part 4

1889—1960

Algot Wilhelm Kage

阿尔戈·威廉·凯奇

瑞典陶艺家、设计师。1889 年生于斯德哥尔摩，最初在哥德堡的瓦兰德艺术学院（Valand Art School）学习绘画，并从事海报设计。1917 年加盟古斯塔夫斯伯格陶瓷厂（Gustavsberg）并设计了一系列脍炙人口的陶器作品。1930 年斯德哥尔摩展览会之后，他的设计开始转向关注产品的功能性。1939 年后他又开始展示出对简约朴素审美的新探索。而 20 世纪 40 年代的一系列作品又反映出立体主义和超现实主义对其设计的影响。他被誉为瑞典设计的伟大革新者。

花瓶装置

《超现实》系列展现了凯奇对立体主义和超现实主义的探索。

高低花瓶

凯奇 1920 年设计的高低花瓶，从中不难发现他受到中国陶器的影响。

阿尔戈·威廉·凯奇起初研习绘画，在去慕尼黑著名的海报学校（Plakatschule）潜心研习平面设计之前，还曾在哥本哈根师从过丹麦设计大师约翰·罗德（Johan Rohde）。由于19世纪末斯堪的纳维亚地区的设计运动开始在以手工艺为基础的传统工业中兴起，很多瑞典陶瓷工厂开始聘请艺术家主持设计工作，来提高对日常用品的创意设计。因此1917年，毕业后的凯奇在做了一段时间的海报设计师后，被成立于1825年的古斯塔夫斯伯格陶瓷厂招至旗下。不久，凯奇便设计了具有民俗装饰风格的作品“蓝百合”（Bule Lily）餐具系列，这一设计迎合了当时社会对更好更漂亮日用品的需求，同时也是一款大众买得起用得起的设计产品。

1930年的斯德哥尔摩展览会被公认为是瑞典设计的分水岭，它同时

《蓝百合》

该系列以其适中的价格赢得了“大众餐具”的称号。

Part4

《焦》

1930 年，凯奇为了斯德哥尔摩展览会，设计了这套极具功能性的系列餐具。这也是古斯塔夫斯伯格陶瓷厂推出的第一套烘烤上菜两用餐具。它同时也掀起了全新的实用功能主义运动风潮。

也掀起了全新的实用功能主义运动（Funkis）的风潮，这种风潮的根源来自包豪斯以及现代主义建筑师和设计师，如大名鼎鼎的瓦尔特·格罗皮乌斯和勒·柯布西耶等。为了这届里程碑式的展会，凯奇设计了一套极具功能性的“焦”系列餐具（Pyro），这也是古斯塔夫斯伯格陶瓷厂推出的第一套烘烤上菜两用餐具。紧接着的“帕拉克提卡”陶瓷餐具系列（Praktika）是一个更具革命性的设计，同时它依然非常实用，有大大小小各种尺寸，并可以套叠摆放。“帕拉克提卡”系列的成功主要来自其极致完美的设计，当时的设计评论家认为它开创了功能性餐具的时代；这一系列也是古斯塔夫斯伯格陶瓷厂第一套可以拆零购买的餐具系列，如此得以让更多收入较低的人购买并使用。在斯堪的纳维亚地区，这种富有社会关注的包容性行为往往是社会发展的主要驱动力，特别体现在瑞典设计当中。1939 年，凯奇的“灰条纹”餐具系列（Grey stripes）又展示出对简约朴素审美的新探索，该系列通过微妙的有机形态以及简单的灰色线条，让人从原先的传统审美中完美“逃离”，这一系列也在生产后的二十几年中畅销不衰。

《绒线菊》
这一系列花瓶，体现了凯奇高超的手工艺技法。

Part4

Part4

和许多斯堪的纳维亚设计师一样，凯奇也设计了大量精美的限量款陶器艺术品，比如1955年的“绒线菊”花瓶系列（Terra Spirea）。他很多著名的粗陶制容器作品的灵感往往来自自然形态，如豆荚等，也有很多受到了中国和墨西哥陶器的启发。1940年，凯奇创作了“超现实”花瓶系列（Surrea），其造型的支离破碎反映了立体主义和超现实主义对他设计的影响。

当后世在回顾凯奇一生的创作时，被他的那些独一无二的艺术品及其精湛手工艺所吸引自然毫无疑问，更让人们难以忽略的是他的作品得以成为大量复制的工业产品，从中所预示的功能性确实成为大规模陶器制品生产的主导。从“蓝百合”系列到“帕拉克提卡”系列，再到“灰条纹”系列，凯奇设计之路就是20世纪上半叶瑞典设计风潮变化的缩影。

花瓶（左图、右图）装饰艺术风格在20世纪30年代在斯堪的纳维亚地区登陆，凯奇在这一时期创作了一系列装饰银色人体的绿色花瓶。完美地展现了装饰艺术风格的魅力。

Part4

Part 5
装饰艺术运动其他大师及杰作

Part 5

1878—1976

Eileen Gray

艾琳·格雷

爱尔兰建筑师、家具设计师，1878 年出生于恩尼斯科西（Enniscorthy）一贵族家庭，自小受到画家父亲的鼓励，曾赴意大利和瑞士游学，并经常往来于家乡与英国伦敦，受到诸多艺术熏陶。1898 年入斯莱德美术学校学习绘画，1900 年前往法国巴黎，参观了是年在巴黎举办的国际博览会，深受影响。后入巴黎朱利安学院和科拉罗西学院继续学业。1905 年定居伦敦，并开始对家具涂漆艺术发生兴趣，尤其日本传统工艺成为其研究和效仿的对象。第一次世界大战后又去巴黎发展事业，作品涉及家居生活的各个方面。20 年代末成为“现代艺术家联盟”（Union des Artistes Modernes）成员。曾在法国东南部山区芒通（Menton）建造了一所实践其现代主义建筑观念的住宅。1937 年，其作品在巴黎博览会上柯布西耶的“新精神展馆”中展出。第二次世界大战后在法国隐居，并继续设计创作。她是现代主义设计运动的先驱之一。

屏风

这是格雷设计的名为“命运”的屏风，屏风的正面绘有古典人物图案，背面则完全是抽象的设计，这一设计不仅展示了格雷的天赋和创意，也展现了她对于漆料的娴熟运用技巧。

室内场景

格雷的许多作品都是为当时一些客户的住宅专门设计的，她会综合考虑室内的装饰风格乃至整体建筑风格。这是她于 1933 年为苏珊娜·塔尔博特设计的客厅，客厅里的几个沙发椅也是她的作品，这也体现了她在设计全盛期时的旺盛的创造力。

Part5

沙发床

格雷于1919—1920年设计的休闲床具，木质上漆并镀银。独木舟形的沙发床具有浓厚的非洲风味，其灵感来自埃及的文化。现藏于美国弗吉尼亚美术博物馆。

Part5

长沙发

这是格雷于1920—1922年设计的长沙发。整件作品相当成功地传达出格雷对于雅致品位的理解，同时这款沙发也是格雷对于东方艺术精髓的深刻领悟。

Part5

黑漆屏风

格雷还设计了一系列木质黑漆大屏风，这即为其中之一。格雷的家具设计几乎完全摒弃了历史因素，而以一种独立思考的创新传达着现代家具设计的强烈气息。

Part5

Part 5

1882—1943

Johann Philipp Ferdinand Preiss

约翰·菲利普·费迪南·普莱斯

德国雕刻家。1882 年出生于德国埃尔巴赫（Erbach）。幼年志向是成为一名工程师。1901 年开始，他分别旅居意大利罗马和法国巴黎，并慢慢展露出艺术天赋。1906 年他在巴黎成立了自己的公司，专门生产青铜象牙雕刻作品。他的创作可以用第一次世界大战作为分水岭，战前其作品多为古典人物造型，而战后他开始转变创作风格，以描绘当代人物为主。他非常注重象牙雕刻的品质，采用特殊的比例绘制工具，精准地复制出人物雕像的细节部位，真实自然地还原作品原型的面貌。20 世纪 30 年代初是青铜象牙雕作品最为流行的时期，他在精心雕刻作品的基础上，采用当时在法国流行的一种工艺，即在雕镂过的青铜表面低温上漆，借助漆色的明暗变化来表现雕塑的立体感。其众多精彩作品也使他成为装饰艺术运动中雕刻家的翘楚。

青铜象牙雕

普莱斯的这件作品原型来自通俗歌舞剧中的一个角色艾达·梅。普莱斯以写实的手法为这件作品的头发着色，令整件作品展现出一种柔和细腻的美感。

Part 5

1883—1972
Lucian Bernhard
鲁西安·伯恩哈特

德国平面设计师、字体设计师、室内设计师。1883 年出生于德国斯图加特的一个犹太家庭。他曾在慕尼黑进行过短暂的艺术学习，但他的成就更多的来自天赋以及自我学习。他于 1901 年移居柏林，并在那里担任海报设计师和杂志的艺术总监。他非常注重画面的简洁对于突出海报功能的重要性。在装饰艺术运动时期所有的平面艺术形式中，海报是受到该运动影响最深刻的平面艺术，反过来，海报设计家们又以其作品将前卫的艺术精神逐渐融入主流文化中，借助海报这种最具民主色彩的艺术手段拉近了装饰艺术与平民大众的距离。他是将诸多风格元素成功融入装饰艺术风格中的著名平面设计家。

海报

这件作品充分体现了立体主义风格对于装饰艺术运动的深远影响。伯恩哈特将人物的脸分为蓝色和橙色两半，双手则采用了与脸相反的色调。画面启迪着人们用眼去观察、用耳去聆听，设计师巧妙地将深刻的寓意蕴涵在简单的笔触里。

Part 5

1884—1964

Vlastislav Hofman

弗拉斯提斯拉夫·霍夫曼

捷克艺术家，建筑师，生于伊钦（Jicin），1902—1907年在布拉格学建筑，并且自学其他艺术，包括绘画。是捷克先锋派艺术的主要成员之一，同卡尔·恰彼克（Karel Capek，1890—1938）等作家交往甚密，为《人权》（Pravo lidu）杂志撰写过诸多政治评论和艺术哲学文章。他还为布拉格的剧院做过许多舞台设计，最出色的是1926年为《哈姆莱特》所作的舞台设计。他的艺术创作涉及面很广，除上述领域外，还包括绘画、陶艺、家具设计等。

咖啡具
霍夫曼 1913—1914 年的设计作品，陶瓷、釉彩，现藏于捷克布拉格装饰艺术博物馆。

Part5

1884—1939

Henry George Murphy

亨利·乔治·墨菲

英国装饰艺术银匠。1884 年出生于英国肯特郡东北部的博辛顿（Birchington）。14 岁进入伦敦中央工艺美术学校学习。1912 年，他受雇前往柏林，但很快就又回到英国，并于同年在伦敦开设了自己的工厂店。在柏林的经历虽然短暂，但德国设计中的机器美学还是对其产生了一定的影响，他的设计从某种程度上体现出一种严谨的秩序美感，但过于苛刻的加工要求又使得加工方无从入手，因此他只得自己雇佣手工艺者纯手工地打造其创作。他的设计风格非常简约，喜欢使用圆形和方形等几何结构。1933 年，其设计的一套茶具在米兰展出并获得好评，虽然获得了展览的大奖，但却最终没有机会得以量产。之后他回到了自己的母校进行教学工作，并成为学校的首席银匠。

茶具

这套茶具充分体现了墨菲的设计风格，简单的几何元素以及木质把手，虽然简单但仍十分具有装饰感。

Part 5

1887—1923

Dagobert Peche

达戈贝特·培彻

奥地利设计师，生于隆高（Lungau），1906 年到维也纳工业学院学建筑，之后作为自由设计师，主要从事纺织品的设计。1911 年结识霍夫曼，开始参加维也纳生产同盟的活动，并成为同盟的纺织品设计师。1916 年成为同盟的副总裁。1917 年战争期间移居瑞士苏黎世，寻机重建新的维也纳生产同盟。其兴趣一度转向巴洛克和洛可可风格，20 世纪 20 年代所创作的诸多作品，涉及面既广，用材广泛，且制作也十分精良，成为装饰艺术表现奢华和精致的代表之一。

橱柜

培彻 1913 年的设计作品，黑檀木，镀金花饰。其直线条柜体和弧形撑脚正是装饰艺术风格既归属于现代，又传承于巴洛克等艺术风格的表现。现藏于奥地利维也纳应用艺术博物馆。

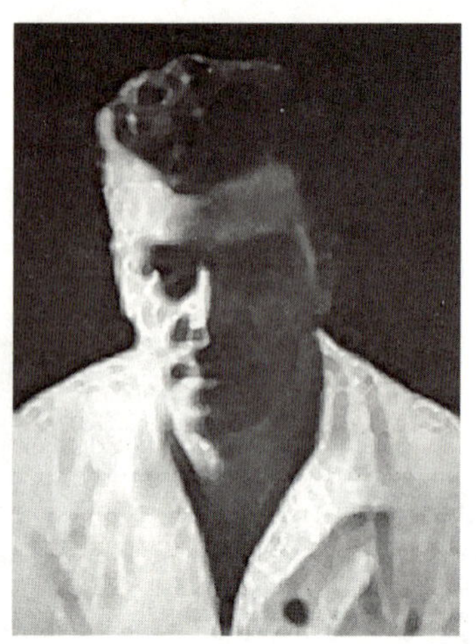

Part 5

1894—1937

George Rayner Hoff

乔治·雷纳·霍夫

澳大利亚雕塑家，生于英国曼岛一荷兰移民家庭，父亲为砖木雕刻师。少时帮父亲为建筑做装饰，1910—1915 年在英国的诺丁汉艺术学校学习，第一次世界大战时加入英国军队，赴法国作战，这是他日后所作有关战争雕塑作品的艺术精神来源。战后在伦敦的皇家艺术学院进修，1922 年获奖学金而得以去意大利罗马深造。在那里，受到古典主义和文艺复兴艺术的极大影响。翌年，被推荐到澳大利亚东悉尼的艺术专科学院当雕塑和绘画指导，并建立了个人工作室。1933 年出任该校校长。他的雕塑造型抒情，以现代主义的几何线条图案与感性的曲线相结合，是富有古典主义精神的装饰艺术风格作品。其代表作有《牺牲》和为霍尔登汽车公司设计的“狮子与岩石”的 Logo 等。

建筑外观

由霍夫和查尔斯·布鲁斯·德里特一同设计的澳新军团纪念馆，坐落于澳大利亚悉尼海德公园内，建于1931—1934年。

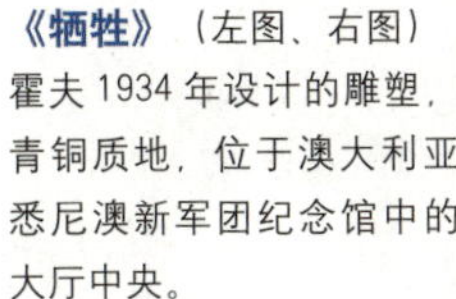

《牺牲》（左图、右图）
霍夫 1934 年设计的雕塑，青铜质地，位于澳大利亚悉尼澳新军团纪念馆中的大厅中央。

在两次世界大战之交的年代里，澳大利亚最重要也是最成功的雕塑师是乔治·雷纳·霍夫。霍夫早年在诺丁汉艺术学校学习绘画、设计和雕塑，并于 1910—1915 年入伍，参加过第一次世界大战。1923 年，他从英国来到澳洲，被聘为东悉尼的艺术专科学院雕塑和绘画指导，1933 年成为该校校长。霍夫秉承“古典主义”与“生机主义”相结合的宏观理念，以此作为办学指导思想，培养出了一批颇具创新精神的雕塑师，他们的作品崇尚求变求新，注重视觉吸引力，具有饱满的装饰主义元素。霍夫的作品很多，但给人印象最为深刻的当属一命名为《牺牲》（Sacrifice）的雕塑，它位于悉尼海德公园内的澳新军团纪念馆中，该纪念馆也被认为是“建筑性与雕塑性完美结合的独特表征”，是“澳大利亚装饰主义作品的典范”。它主体看上去似为石料筑造而成，但实际上主要是加强型的混凝土材料，此外还用到了玻璃、聚合材料、钢结构、陶瓦、花岗岩等，这些材质所具有的表面光亮的特性，正是装饰主义设计理念所强调的效果特征，同时也是现代主义设计所看重的特质。其中，红土材料是在 20 年代被引介到澳洲来的，其后被广泛应用于建筑立面表层的装饰，对澳洲的瓷砖设计与制造产生了重要影响。

Part 5

1898—1980

Tamara de Lempicka

塔玛拉・德・兰比卡

波兰画家。1898 年出生于波兰。在短暂地移居圣彼得堡之后，1918 年，她来到了巴黎并开始学习绘画，1925 年，她的作品在巴黎首届装饰艺术展中展出，引起了业界极大的关注。她在融合了文艺复兴风格以及法国立体派的基础上，开始创造自己的独特风格。她在成熟期的作品线条圆润饱满，色彩鲜艳亮丽，极具装饰感。每幅画作又都流露着欲望，猛烈地撞击着观者的感官。这也使她成为装饰艺术运动时期最为知名的女性画家。1939 年，她和她的第二任丈夫一起移居美国洛杉矶，作品为各大美术馆、博物馆收藏。创作后期她的画面开始暗淡并渐渐淡薄欲望。20 世纪 60 年代，她的画风开始趋于抽象。晚年再次移居墨西哥并在那里终老。

《美妇》

这是兰比卡最经典的作品之一，画中的裸体女子虽然带有情色意味，但整体画面依然充满了美感，同时笼罩着一种梦幻般的气息。

画作

左页和本页都是兰比卡的作品，每幅画作都透露着欲望的呼喊，“每幅作品都是我的自画像”，兰比卡曾经作过上述言论。

Part 5

1898—1971

Alexey Vyacheslavovich Brodovitch

亚历克赛·维亚切斯拉沃维奇·布罗多维奇

俄罗斯摄影师、设计师。1898 年出生于俄罗斯一个富裕家庭。成年后移居巴黎并在那里接触了各种艺术流派，由此发现了自己的艺术潜力。20 世纪 20 年代，他开始成为杂志的艺术总监，同时他设计的海报也在各类大赛总屡屡获奖。32 岁的时候他已经成为巴黎最知名的商业艺术设计师之一。他的平面设计具有独特的个人风格，喜欢采用不对称构图，而恰到好处的留白又留给人以遐想的空间。1930 年，他和妻子一起移民美国费城并开始教授平面设计。从而将欧洲最前卫的艺术风格带到了美国，而他先进的设计理念也影响了很多设计师和摄影师。

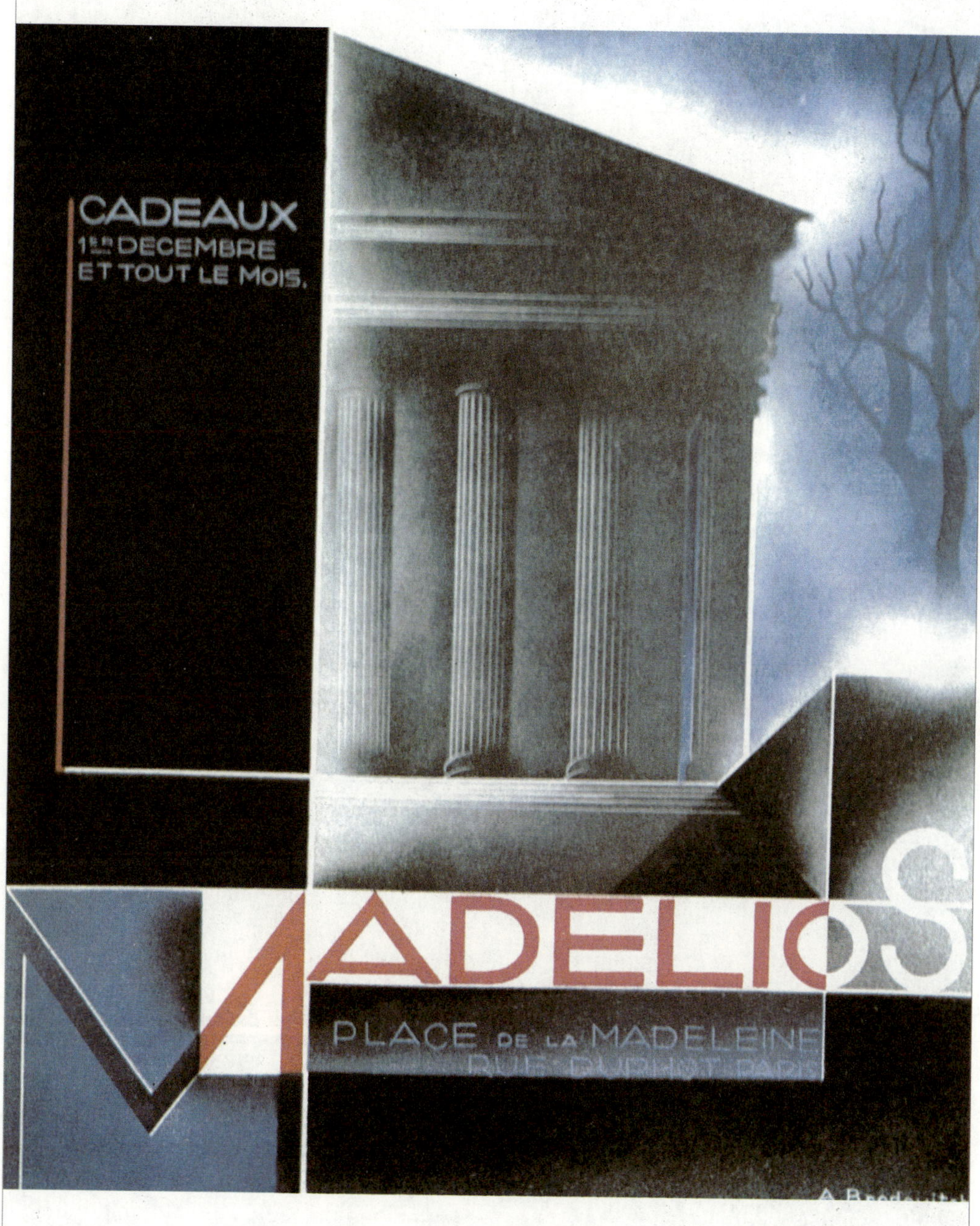

海报

这幅布罗多维奇设计的海报，完美地诠释了他对平面设计的理解。

Part 6 装饰艺术运动的材料

装饰艺术运动在不同的研究者眼中可能具有不同的“品质”，例如有人认其为充满异域情调并崇尚标新立异的艺术风格“大杂烩”，有人则认其为不饰浮华、奉行“率真装饰”原则的典范；关于前者，可以某些外立面装饰复杂的现代摩天大楼为例，后者的例子则可举出一根简洁的香烟。

尽管有着上述认识差别，但有一个问题几乎是所有装饰艺术的研究者都可以达成共识的：无论是摩天大楼还是香烟，它们的“装饰”都致力于发挥各自材质所具有的本源特征。换句话说，正是由于它们具有非常不同的本源材质，所以在具体装饰方案及其效果上才会具有上述显见的差别。

Part 6

6.1 木材与金属

关于材料，认识或取向上的差别往往无所不在。法国设计师喜欢蕴含了手工艺术元素的传统材料，美国设计师则一向青睐最新的材料和技术。这之间的差别可以通过一定的中介而实现弥合和沟通。如，法国金属器件设计师勃兰特就将1925年巴黎博览会与纽约设计师所想象的"机器年代"两个问题嫁接了起来：他致力于将手工技术融入到对新型锻炼材料的打造过程中。勃兰特的努力正体现了美国设计师谋求在机械年代进行更好的装饰性表达的艺术动机。勃兰特在这方面起到了引路人的作用。与勃兰特具有相似志向的还有来自美国新泽西州的雕塑设计师张伯伦，他也设计内饰栅栏，同时为位于纽约第42大街的钱宁大厦（Chanin Building）的大厅

门饰

张伯伦1928年为纽约的钱宁大厦所设计的大门，主要材质为铁和铜，象征工业的装饰性和完全对称的构图，形成完美的装饰艺术作品。现藏于美国纽约史密斯索尼亚研究院的库珀－赫维特国家设计博物馆。

Part6

《诺曼底》
美国设计师穆勒－芒克 1935 年设计的水罐，镀镍铜质，也曾批量生产，现藏于美国纽约大都会艺术博物馆。

提供金属饰件。此大厦楼上部分空间的金属门也出自张氏之手，其曲曲折折的造型如波纹涟漪，加之门边缘处所饰交错盘缠的嵌齿轮造型，给人以丰沛的动感。

另一位出生于奥地利的美国设计师弗兰克，也有着与前述两者同样的抱负。他曾断言：如果美国在巴黎博览会上拿出一个实物比例的摩天大楼作为展品，这一行为对于当代艺术的贡献会比欧洲所有艺术贡献的总和还要大。与勃兰特相似，弗兰克也谋求将“法国风格”与“美国路径”贯通起来，他一方面重视使用经典传统材料，另一方面也十分青睐新材质，胶木、铝材、镍铜合金、瓷板等都在他的设计优选之列。他认为这些新材料才是“20 世纪的艺术语词”，而新的材料必将呼唤新的形式，艺术家所要做的就是创造出使用这些语词的新的“语法”。 对新材质的青睐并不是美国设计师们的专利，在欧洲设计界也有著名的“新材料发烧友”，包豪斯学派即是其中之一。包豪斯学派对于新材料之时代价值的总体性认同，是美国设计师们所大致同意的。这种观念的一致性，还可以在一些设计师个人身上有所体现，以设计师韦伯（Kern Weber，1889—1963）为典型。韦伯是从德国移民到美国洛杉矶的，1934 年他设计了一款皮垫沙发斜背靠椅，其中使用了镀铬钢质饰件。另一个例子是设计师德斯基（Donald Deskey，1894—1989）。德斯基参加过 1925 年巴黎博览会，并在 1934 年向美国大都会博物馆举办的当代美国工业艺术展递交了自己的作品：一个餐厅设计，它有半透明的玻璃砖墙壁，墙壁后有灯火点燃，整体氛围令人印象深刻，其特别含义是：一种经由现代工艺处理过的新型材料，其所营造的氛围却是原始的、朴素的，能够令人燃起“乡愁”情绪的。

鸟眼枫木

在如北欧、加拿大或美国，枫木的品种很多，鸟眼枫木是其中一种，它具有明亮的褐色纹样，连绵不断的小圆点恰似鸟的眼睛，因而得名。18 世纪末，它曾是当时时尚的胶合板的主要原材料，到 20 世纪 20 年代，人们重新发现了它独具的装饰性，更多被法国装饰艺术风格的设计师所采用。

檀木镶嵌

以檀木的天然纹理作为家具装饰的手段，也颇为常见。图示为一款橱柜以檀木为装饰薄木板，显得十分天然而美丽。檀木质地紧密坚硬，能够抗侵蚀而不朽，手感滑润细腻，色彩绚丽多变，还具有天然的香气，是上乘的家具制作材料。

胶合板

装饰艺术盛行的时代，胶合板作为新式材料之一，受到设计师的青睐，图示为以不同几何纹样组合而成的桌面细节。虽然胶合板为人工所合成，缺少丰富的天然性，但它确实能够为家具设计和制作提供很多方便。

Part 6

6.2 塑料

在受到一些设计师首肯的同时，有些新型材料也时常受到人们的质疑，如塑料。有批评观点认为，以塑料为代表的很多新材料不过是原始自然材料的模仿性的简单替代品，因而缺乏其自身的艺术品质；此外，用来制作电影胶片（电影正是装饰艺术运动的一个重要门类）的明胶材料，在很长一段时期中也被用来模仿象牙和龟壳的品质效果；再有，胶木最初是被作为硬质橡胶和紫胶（Shellac）的替代物使用的（例如在抽屉拉手的装饰中以胶木替代黑檀木）。批评者认为，相当数量的装饰艺术作品过多地依赖于上述这些“替代物”，这种艺术品之“美的真实性”问题值得商榷。

在20世纪30年代的美国，各种塑料被用来作为木材和金属材料在装饰方面的替代品，这其中除了适当的艺术考量之外，还有着经济考量：当时美国受经济大萧条之影响，塑料是比木材和金属更为廉价的材料，著名财经杂志《财富》(Fortune)也由此而将当时的塑料业戏称为“萧条之子”(child of the depression)。而不可否认的是，塑料在制作生产环节中具有相对较大的方便性，例如商家往往采用塑料包装来盛纳物品，这比木质及金属包

收音机

美国20世纪40年代的产品，流线型（或子弹形）外壳，塑料材质，发达（Fada）无线电电子公司制作，现藏于英国维多利亚和阿尔博特博物馆。

装廉价并且易于制作（可以在模具中一次注塑成型，无需太多手工处理）。更重要的是，塑料还直接影响了某些产品的制作方式，例如早期收音机的外壳及其若干内部元件，均是由合成树脂制作而成的。围绕这些问题而产生的价值判断上的分歧也不一而足：有人认为使用了塑料的艺术品是“藏有玄机”的设计，缺乏“诚实性”；另一些人则认为无需为使用塑料而作任何道歉，他们认为塑料具有易成型、耐久、色彩多样、触感良好、价格便宜等多种特点，这就足够了。不论支持哪种观点，这种论证的存在从一个侧面佐证了自德国移居美国的设计师穆勒－芒克（Peter Muller-Munk，1904—1967）的如下论断：塑料成了“现代设计”的重要载体形式，通过它，一系列能够吸引“眼球”而富有神秘感的设计方案得以实现。

《摩天楼椅》
美国设计师费蒂 1927 年的作品，形象地表现了 20 年代摩天大楼风靡一时的社会现实。作品整体形式感极强，框架以黑色和金色涂漆，红色皮面包覆靠背和椅面，架构坚实。

Part 6

Part 6

装置

包豪斯成员斯卢茨基1920年为初级课程的学习所设计的教具之一，主要材质为黄铜和红蓝玻璃。现由私人收藏。

6.3 玻璃

玻璃材料的功用当然不止上述一例。在1929年大萧条之后，为了使顾客能在一瞥之间就看到店内商品从而引起购物欲望，美国一些商铺遂将其店面外墙改造为透明或半透明的彩色玻璃面板（辅以金属支撑框架）。当时美国著名玻璃供货商之一福特公司（Libby–Ford）即广泛提供优质多彩的瓷板玻璃（Vitrolite glass），而这正是上面提到的设计师弗兰克所推崇的“新材料”之一。借助玻璃所诱发的想象力，设计师迪亚格（Walter Teague）还提出了一种“概念房”：一种全玻璃式的房子，里里外外，包括所有家具设备，均为半透明彩色玻璃制造。但迪亚格的这一“概念”并未成为现实，倒是设计师凯克（George Keck）于1934年为“芝加哥百年进步展”所做的三层结构的“水晶房”作品更加令人印象深刻：除了钢框

装饰玻璃

这是一款装饰在碗橱门上的蚀刻玻璃，除发挥了玻璃的作用，即很好的透光性能，还具有隐私保护功能，不至于让观者对内一览无余。其复杂的蚀刻纹案极具观赏性。

玻璃画

玻璃画是一门古老的技艺，图示为一个桌面的局部图样，十分精致，主要工艺是将金银薄片和漆彩固定为玻璃的表面，并施以必要的浮雕技术，这是20世纪二三十年代装饰艺术运动期间工艺设计师常用的家具装饰手法之一。

架和混凝土地板及屋顶，其所有墙壁都是由透明或半透明玻璃板做成的。这个作品实现了迪亚格所设想的“概念”的一半。

一般而言，不同材料之间最本质的区别，乃在于材质本身的差异。但在20世纪20年代的装饰艺术设计中，人们更看重的有时并非材质本身，而是材质所具有的表面观感。当然，看重什么，以及如何去面对这个世界，这是属于每个人的自由权利，向每个人提示这种权利，正是装饰艺术运动所蕴含的基本精神姿态之一。当装饰艺术风格愈加表现出某种民主、平民倾向的时候，设计师们的艺术实践取向就愈加贴近日常百姓的平常生活（无论在经济含义抑或审美含义上均是如此），从而也就会愈加以此为大方向，以艺术观念和设计思想的更新为牵引，去努力发现乃至创造新的材料。无论如何，这都是一种好的姿态。

图书在版编目（CIP）数据

帝国大厦之光：装饰艺术运动大师及杰作 / 心安工作室编 . —上海：上海科学技术文献出版社 , 2018（2022.1 重印）
（设计改变世界系列）
ISBN 978-7-5439-7632-0

Ⅰ . ①帝… Ⅱ . ①心… Ⅲ . ①装饰设计—艺术家—介绍—世界—现代②装饰设计—作品集—世界—现代 Ⅳ . ① K815.72 ② J535

中国版本图书馆 CIP 数据核字（2018）第 124701 号

责任编辑：苏密娅

设计改变世界系列
帝国大厦之光：装饰艺术运动大师及杰作
心安工作室 编
出版发行：上海科学技术文献出版社
地 址：上海市长乐路 746 号
邮政编码：200040
经 销：全国新华书店
印 刷：河北环京美印刷有限公司
开 本：700mm×1000mm 1/16
印 张：13
字 数：260 000
版 次：2022 年 1 月第 2 次印刷
书 号：ISBN 978-7-5439-7632-0
定 价：68.00 元
http://www.sstlp.com